陆 逸 ◎ 主编

社区教育课程思政教学指南

编委会

主 任：周 明

副主任：陆 逸　王正勇　陈 炜　张 磊

主 编：陆 逸

编 委：范 宏　孔晨迪　刘清圆　李 瑾
　　　　　王梦娟　谢亚红　项思匆　伊 伶

序

  自中共中央、国务院 16 号文件《关于进一步加强和改进大学生思想政治教育的意见》于 2004 年颁发以来,上海根据工作实际,不断加大学校德育工作力度,重视德育综合改革工作。2005 年,上海颁布了《学生民族精神教育指导纲要》和《中小学生生命教育指导纲要》,推进"学科德育"。2010 年底,上海承担了"整体规划大中小学德育课程"教育部教育综合改革试点项目。2013 年,教育部重大攻关项目"整体规划大中小学德育课程一体化建设研究"落户上海。2015 年,上海承担教育部重大攻关项目"全面构建高校思想政治教育课程体系",从理念创新、理论研究、系统构建和实践推进等四个方面率先探索课程思政的教学改革。2016 年,全国高校思想政治工作会议上和中共中央、国务院文件中充分肯定上海在课程思政教学改革上的创新探索和成功经验。2017 年,上海和全国各地全面推动课程思政教学改革。

  立德树人是教育的根本任务,也是人民满意教育的根本标准。从"思政课程"到"课程思政",从"专业成才"到"精神成人",推进课程思政建设,从本源上讲,既是一种升华,也是一种回归。专业教学本质上就是一个价值塑造、能力培养和知识传授高度融合的过程,课程和思政是高度统一的。因此,每一门课程都应发挥好育人功能,每一位教师都应担负起育人责任,改变教师"只教书不育德"、思想政治教育教师单兵作战的现象,使思想政治教育从专人转向人人,势在必行。

  城,所以盛民也;民,乃城之本也。一个城市的文明程度,某种程度上代表了这个地方的发展高度和发达程度。作为一种面向社区全体居民开放的教育,社区教育以促进社区人的发展和社区可持续发展为目标,通过整合利用社区各种资源满足个体终身学习需要与社区发展需求,培育和践行社会主义核心价值观,助力学习型城市、学习型大国建设,促进社会和谐稳定。在从思政课程到课程思政转变的教育改革中,社区教育不能缺位。由于教育对象和教育资源的多样性,社区教育课程的类型十分复杂。经过近三十年的实践探索,上海市社区教育课程目前呈现出丰富多彩、百花齐放的样式,课程种类繁多、类别详尽。要促进社区教育高质量发展,促进人的全面发展,一定要向课程要质量,向课堂要质量。

上海市松江区社区学院在努力探索着一个对终身教育工作者来讲相对陌生的领域,他们紧跟大中小学德育课程综合改革的步伐,积极实践构建社区教育课程思政目标框架体系,发掘各类课程中的思想政治理论要素,探索在课堂教学主渠道中全师资、全类型、全过程的育人模式。他们立足课堂,聚焦思政,组织区级社区教育教学大赛;精准施策,进行全区范围内的社区教育课程思政现状调研;博采众长,实施社区教育课程思政区级师训,先后邀请上海市市级和各区关心课程思政问题的高校教师、中小学学科教研员、一线教师等在区级社区教育教师培训中开展思想政治专题培训,本人也是在此过程中了解并参与了松江区社区教育课程思政的教研实践。2023 年 5 月,在多方共同努力下,松江区推学办联合区教育局制定了《松江区关于推进社区教育课程思政建设的工作方案》,这在社区教育领域是有开创性的,为后续的社区教育课程思政建设工作提供了可供借鉴的直接经验和程序性指导。

《社区教育课程思政教学指南》是对近两年松江区社区教育课程思政实践创新的总结,是一部具有学术价值和实践价值的学术专著。通过挖掘完善不同类别课程的德育目标和内涵要素,该书系统设计社区教育课程思政体系,以不同类型社区教育课程特色和优势为出发点,深度挖掘提炼课程知识体系中所蕴含的思想价值和精神内涵,以不同的课程育人目标为着力点,在课程教学中有机渗入思政元素,拓展教育视野,提升教育温度。相信其中的理论阐释能够与研究课程思政的学者碰撞出思维的火花,其中的教学案例能够为从事一线教学的教师提供有益启发。当然,书中一些观点和案例还需要在实践中不断验证和完善,期待越来越多的研究者参与进来,使社区教育课程思政的理论更为成熟,实践更加科学,更好服务立德树人这一根本任务。

是为序。

上海市教卫工作党委原副书记、上海市教委原副主任

高德毅

目 录

基于课程思政,构建社区教育同向同行良好育人生态 ………… 1

理 论 篇

以文化人　润物无声
　　——社区教育文化素养系列课程思政教学参考 ………… 19

艺术之花绽放社区　社区居民与美同行
　　——社区教育艺术修养系列课程思政教学参考 ………… 30

崇尚科学　注重健康
　　——社区教育健康教育系列课程思政教学参考 ………… 40

培育社会主义核心价值观　提升社区居民实用技能
　　——社区教育实用技能系列课程思政教学参考 ………… 50

思政引领　育人健体
　　——社区教育体育健身系列课程思政教学参考 ………… 59

崇善崇德　共创美好生活
　　——社区教育社会科学系列课程思政教学参考 ………… 69

亲历感悟　实践体验　知行合一
　　——社区特色系列课程思政教学参考 ………… 83

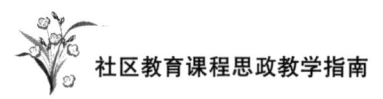

参考文献 …………………………………………………………… 99

实 践 篇

社区教育文化素养系列

跟我看新桥 ……………………………………………………… 103

侯绍裘的三次选择 ……………………………………………… 107

二十四节气之清明 ……………………………………………… 111

社区教育艺术修养系列

中国结之琵琶结 ………………………………………………… 116

为了家园 选择牺牲
——从《流浪地球》看中国人的家园意识 ……………… 121

立体纸花之荷花 ………………………………………………… 128

社区教育健康教育系列

艾灸养生之春分节气篇 ………………………………………… 133

盖碗的使用 ……………………………………………………… 137

一双筷子的学问 ………………………………………………… 143

社区教育实用技能系列

AI再现历史记忆 ………………………………………………… 149

粘土手工之"中华兔" …………………………………………… 154

智能手机应用之网上预约挂号 ………………………………… 159

社区教育体育健身系列

八段锦第二式
——左右开弓似射雕 ……………………………………… 164

棋枰纵横，过犹不及
——围棋布局拆边的学习 ………………………………… 170

陆地冰壶之中路投营 ·················· 174

社区教育社会科学系列

爱在日落黄昏时
　　——长者生命教育之"四道人生" ············ 180

防空警报知多少 ·················· 184

树立安全意识　谨防虚假诈骗 ············ 188

社区特色系列

茸城丰碑　人文行走 ················ 194

我心向党　学史力行
　　——2021年松江区学生社区实践活动 ········ 197

"知布织道"学习坊,带着非遗文化进社区 ······· 201

追寻红色记忆　传承红色基因
　　——"红色新浜"人文行走活动 ············ 204

悦耳"洞"听　声入人心 ··············· 208

弘扬非遗文化　保护民间瑰宝
　　——车墩丝网版画"画生香"书画社学习点活动介绍 ··· 211

以声传情　以诵修身
　　——新桥镇新时代文明实践优秀服务项目"红枫驿站" ··· 215

基于课程思政,构建社区教育同向同行良好育人生态

社区教育,是指在社区中开发、利用各种教育资源,以社区全体成员为对象,开展旨在提高成员的素质和生活质量,促进成员的全面发展和社区可持续发展的教育活动。教育是国之大计、党之大计。社区教育作为社会主义教育体系中的组成部分,不仅承担着立德树人的根本任务,更有助力学习型大国建设,促进社会和谐稳定的功能。将课程思政贯穿社区教育的全过程,探索实施社区教育课程思政的思路和方法,促进学习者全面发展,是新时代社区教育的光荣使命。

2022年2月,松江区社区学院成功申报了上海市社区教育重点实验项目,组建了项目组,对社区教育课程思政开展一系列研究。旨在通过研究,构建区级层面社区教育课程思政协同联动机制和制度;探索实践社区教育课程思政中的典型做法,制定社区教育课程思政操作规范,形成一批社区教育课程思政优质示范课例;构建落实社区教育课程思政系列教师培训课程,锻造一支具备思政教育自觉意识和结合课程进行思政教育能力的师资队伍,进而实现区域性社区教育"门门有思政、课课有特色、人人重育人"的良好育人生态,为更多社区教育工作者提供借鉴和参考。

社区教育系列课程是课程思政建设的基本载体。参照《上海社区教育课程指导性大纲(新编)》,社区教育分为社会科学系列、文化素养系列、艺术修养系列、实用技能系列、健康教育系列和体育健身系列等课程。此外,因社区教育实践性、社区性的特点,尤为注重人文行走、三类学习点等实践课程,特将其作为社区特色系列课程。由此,项目组对每一社区教育系列课程分别研究。本书主要

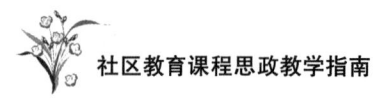

呈现的是社区教育七大系列课程思政,是以上所列的研究成果之一。共分上、下两篇。

上篇为理论篇。每一项社区教育系列课程单独列为一章,共七章。内容包括本类课程独特的课程定位与育人价值、本类课程的课程思政核心要素、课程思政教学策略和教学保障。同时,每章列举了1—2个教学片段和设计说明。其中,课程的育人价值参考和借鉴了上海市中小学生各学科德育教学指导意见;核心要素则以教育部印发的《高等学校课程思政建设指导纲要》为基准框架撰写。上篇将社区教育七大系列课程纳入全课程思政体系,以不同课程的特色和优势为出发点,以深度挖掘提炼课程知识体系中所蕴含的思想价值和精神内涵为切入点,以不同的课程育人目标为着力点,有机融入课程教学,科学合理拓展课程的广度、深度和温度,增加课程的知识性、人文性和科学性,提升引领性、时代性和开放性。对一线教师进行课程思政教育教学实践,具有很强的参考性。

下篇为实践篇。选取松江区社区教育课程思政教学大赛获奖课例,按课程系列依次呈现,每个系列呈现3—7个课例,共25个,兼顾课程系列的完整性和课例的代表性。立足社区教育实践,优化社区教育七大系列课程内容供给。以不同类型课程特色和优势为出发点,深度挖掘提炼课程知识体系中所蕴含的思想价值和精神内涵。

本书主要面向社区教育教学者、管理者和研究者,尤其是对一线教师开展课程思政教育教学实践有很强的参考性,也适用于对社区教育、课程思政感兴趣的普通读者来阅读。

研究中我们还发现,社区教育课程思政,涉及方方面面,现就项目组的研究过程和阶段性成果作一概述。

一、社区教育中的"课程思政"和"思政课程"

开展正式研究前,我们首先对两个相关概念进行了辨析,即"思政课程"和"课程思政"的内涵外延。

"思政课程"是思想政治教育课程及相关教育活动的总称,其学科定向和学科边际较为明显,内容高度聚焦。狭义的思政课程指的就是课程计划内的政治类课程。

"课程思政"不是特定的一门或一类具体教学科目或某一教育活动,课程是泛化的概念,即育人的所有教学科目和教育活动。课程思政指的是渗透和贯穿思政教育的课程,特点是课程只是载体,思政教育是灵魂,课程的育人功能和价值取向鲜明,而课程边际则相对淡化,范围也更广泛。

可见,"思政课程"和"课程思政"虽然都具备"思政"和"课程"两大要素,但是两者是两个不同的概念。根据社区教育课程特点、师资队伍、生源性质等实际情况,我们将研究基点定位在课程思政上,探索社区教育各门课程的思政教育要素,强调思政课程与其他各类课程保持同向同行,强调所有课程都包含能够引导学习者树立正确世界观和价值观的内容。

二、基于课程思政的社区教育的现实意义

(一)基于课程思政的社区教育,是时代发展之需

习近平总书记在全国高校思想政治工作会议上强调,要把立德树人作为中心环节,把思想政治工作贯穿教育教学全过程,实现全程育人、全方位育人。所有课堂都有育人功能,不能把思想政治工作只当作思想政治理论课的事,其他各门课都要守好一段渠、种好责任田。这一指示要求所有课程都要贯彻育人理念,所有教师都要承担育人责任。2019年8月,中共中央办公厅、国务院办公厅印发了《关于深化新时代学校思想政治理论课改革创新的若干意见》,意见提出,要"构建全面覆盖、类型丰富、层次递进、相互支撑的课程体系,使各类课程与思政课同向同行,形成协同效应"。社区教育是我国教育体系中的一部分,社区教育教师要承担起育人责任,在课程中贯彻育人理念。而课程思政是落实立德树人根本任务的着力点,也是社区教育促进社会治理,促使社区群众思想和行为更符合当下社会发展的时代诉求的重要途径。

社区教育的特殊属性,也处处回应着新时代思政教育的需求。党的二十大报告中,习近平总书记提出,坚持大抓基层的鲜明导向,加强城市社区党建工作。社区是居民交往实践的重要场地,以社区学校为阵地,以社区教育课程为载体而

开展的社区教育内容丰富、形式灵活,更"接地气"。探索社区教育课程思政实践,运用巧妙的课程设计,于"潜移默化"中引导社区居民明白做人做事的基本道理、学习社会主义核心价值观等重要理念,不仅以自身优势照拂了国民教育难以顾及的人群及领域,更是社区教育人在落实"立德树人"这一新时代教育根本任务时所应承担的使命。

(二) 基于课程思政的社区教育,是城市发展之需

中共上海市第十一届委员会第九次全体会议提出,人人都有人生出彩机会、人人都能有序参与治理、人人都能享有品质生活、人人都能切实感受温度、人人都能拥有归属认同。这是"人民对美好生活的向往"的"上海解读"。因此,面对新时代复杂多变的思想意识,作为传播文化知识和思想理念的社区教育,更需站在思想政治教育的角度对社区教育课程重新认识,并肩负起重要而长远的社会使命。

城市融合的必然趋势也对社区教育提出了新要求。第七次人口普查数据显示,全市常住人口中,外省市来沪常住人口占比42.1%。社区教育可以提升"新市民"的价值观,变革他们的生活方式。基于课程思政的社区教育,有利于让社区居民产生认同,从而自觉践行服务社会,维护社会稳定发展。

社区教育与思政的融合,能更好实现乡村振兴。通过知识的传授,将思政有效地根植于广大农村居民头脑中,以实现对其正确的价值引领和信仰教育,从而提升农村居民的综合素质。

(三) 基于课程思政的社区教育,是社区教育高质量发展之需

从社区教育本身来看,进入新时代的社区教育,已经逐渐形成一体化、综合性的教育体系和格局,正寻求其内涵更高质量的发展,如何在课程中融合符合时代和社会需求的思想价值引领,也是其谋求的高质量发展目标之一。然而,在实践中仍然有诸多问题。就课程开设而言,以知识技能和文化素养为主的课程思政缺失,大多停留在偶尔的讲座、宣讲中;就课程内容而言,社区教育中存在课程思政窄化现象,很多人对课程的认识停留在狭义的课堂课程中,将课程思政建设等同于政治课学科建设,存在"课程思政教育对象是青少年,成人甚至老年人不需要课程思政"等片面认识。社区教育没有系统开展过课程思政相关师训,导致

教师不知道如何开展社区教育课程思政,也缺乏相应内驱力。此外,对象的多样性加大了社区教育课程思政难度。

三、社区教育课程思政研究行动

基于课程思政,构建社区教育同向同行良好育人生态的实践探索,具有十分重要的意义,但是现实中也面临诸多困难和挑战。

2021年底,松江区社区学院成立课程思政建设实验项目组,构建"区社区学院统一领导、社教部牵头、相关部门协同、社区学校落实推进"的四级联动工作机制,就项目的实施方案、操作路径及人员安排等进行了详细的沟通,为后续实验具体开展提供了组织保障。在此基础上,为了保障实验项目的有效推进,成立社区教育课程思政项目研究推进组和社区教育课程思政资源建设组,将区域内的教师队伍进一步盘活。

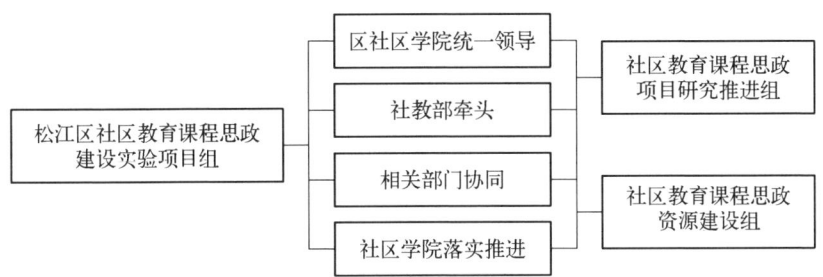

图1 四级联动工作机制

项目组通过现状调研、问题分析,结合专家指导提出社区教育中融合课程思政的策略建议。

四、社区教育课程思政现状调研

(一)调查对象及调查过程

本次调查面向松江老年大学和松江区13所街镇社区学校的师生展开,考虑了2023年春季学期开设的334个班级,并结合课程类型开展了分层随机抽样,通过问卷星发放《关于松江区社区教育课程思政现状调查问卷(教师卷)》(以下简称"教师卷")和《关于松江区社区教育课程思政学习现状的调查(学员卷)》

(以下简称"学员卷")。

根据2023年下半年松江区社区教育统计数据来看,松江区社区教育专职教师共141名,109名参与问卷调查;兼职教师共588名,其中156名参与了问卷调查。参与问卷调查的中老年教师较多,6—10年教龄最多,与目前社区教育教师队伍构成基本相符。调研广泛覆盖了社区教育六大系列课程教师,艺术修养系列最多。超过一半的受访教师是拥有职称的,具备教师基本素养。(见表1)回收有效问卷265份。

表1 教师卷调查对象信息汇总(265份)

年 龄	百分比(%)	教 龄	百分比(%)	授课类型	百分比(%)	职 称	百分比(%)
61周岁及以上	29.43	6—10年	38.87	艺术修养系列	40.38	未定级	45.28
51—60周岁	27.92	5年及以下	30.19	实用技能系列	23.77	二级教师	12.45
41—50周岁	20.75	11—20年	17.74	文化素养系列	12.08	一级教师	30.19
30—40周岁	15.09	20年以上	13.21	体育健身系列	9.81	高级教师	12.08
29周岁及以下	6.79			社会科学系列	7.55		
				健康教育系列	6.42		

学员卷回收有效问卷1415份,受调研者以女性中老年学员居多;近一半(49.12%)的学员学习年限在三年及以上。学员学习类型涵盖社区教育六大系列课程,以艺术修养系列和健康教育系列课程居多。(见表2)

表2 学员卷调查对象基本信息汇总(1 415份)

性别	百分比(%)	年 龄	百分比(%)	学习年限	百分比(%)	学习课程类型	百分比(%)
女性	73.92	55—75岁	67.84	1—3年	33	艺术修养系列	49.26
男性	26.08	35—54岁	19.22	3—5年	25.8	健康教育系列	44.38
		75岁以上	6.64	大于5年	23.32	文化素养系列	37.31
		18—34岁	6.22	1年以下	17.88	社会科学系列	31.59
		18岁以下	0.07			体育健身系列	29.96
						实用技能系列	29.26

教师卷和学员卷问卷信度系数分别为0.875和0.754,效度系数分别为0.852和0.895,问卷信、效度高。召开了1场社区学校管理者座谈会。为深化了解,本研究还采取了访谈法,选取了十位学员、六位管理人员和十位专兼职教师进行深入访谈。

(二) 社区教育课程思政的现状

1. 社区教育师生对课程思政的认识

大部分师生对社区教育课程思政持积极态度。76.60%的教师认为社区教育课程融入思政元素是必要的,其中,认为"非常需要"的占42.26%。86.29%的学员认为"有必要"。73.07%的学员认为他们了解课程思政。80.42%的学员认为思政教育"很重要"。师生都肯定了本研究的意义,为推进社区教育课程思政奠定了基础。

没有教师认为思政元素不能融入社区教育课程,约72%的教师认为社区教育课程融入课程思政"比较可行",其中认为"非常可行"的教师占31.32%。社区教育课程思政受到了大部分教师的认可。

2. 社区教育课程思政的开展情况

社区教育各类课程均可融入思政元素,教师进行了不同程度的实践。通过调研发现,74.56%的学员觉得他们参加的课程中有思政元素,并且涵盖了社区教育系列课程,这说明社区教育教师已经在课程中有意无意地渗透了思政元素,也验证了各类课程开展课程思政的可行性。认为无思政元素的课程类型中,前三位的是艺术修养系列课程(25.39%)、体育健身系列课程(23.82%)和实用技能系列课程(23.67%)。(见表3)

表3 选择课程中无思政元素的学员

课程类型	社会科学	健康教育	艺术修养	文化素养	实用技能	体育健身
参与调研人数	447	628	697	528	414	424
选择课程中无思政元素人数	59	116	177	93	98	101
占比	13.20%	18.47%	25.39%	17.61%	23.67%	23.82%

教师对于社区教育课程思政实施进行了多路径探索,较多教师偏好"有意识地渗透到各教学环节"(32.08%)和"教学环节中加入思政环节"(25.28%)。各实施路径之间相差不大,需要结合课程、人群、学习场景等特点,探索社区教育各类课程的有效实施路径。

对于"所授课程的课程标准中是否明确提出了课程所应达到的课程思政目标?"问题,51.7%的教师认为课程标准中明确提出了课程思政目标。调研从实施的标准与方法方面说明了社区教育课程思政是可行的。但是教师们对具体如何在社区教育课程中渗透思政元素存在不同观点和行动。虽然有三分之二的教师已经"有意识地渗透到各教学环节",甚至有教师已经"围绕思政目标构建课程",但仍有较大提升空间。可以组织社区教育教师和思政专家分析、挖掘社区教育不同类型课程课程标准中的思政目标和思政元素。

方法欠缺是目前社区教育课程思政开展中的主要困难。学员认为,"生硬地加入思政教育,无法引发学员的兴趣"(44.59%)是目前社区教育课程思政开展中的最大问题。教师认为所授课程融入思政元素的最大困难是"担心生硬地融入思政元素,影响教学效果"(56.6%)。目前,方法欠缺是社区教育课程思政开展中的主要不足之处。

社区教育课程思政内容丰富。社区教育课程思政各类内容数据相差不大,都有需求,高度重合的是社会主义核心价值观和文化方面。

交互场景落实课程思政更有效,高品质思政专业课需求旺盛。学员最喜欢或最希望的课程思政形式是"参与实践类学习"。"邀请专家或先进人物举办讲座或宣讲"(54.2%)和"开展互动讨论"位列第二、三位。教师对场景的倾向前两位的是"线下课堂"(80.38%)和"人文行走/游学"(56.98%)。师生都不约而同地选择了能够有较为充分的人际互动的形式和场景。"邀请专家或先进人物举办讲座或宣讲"(54.2%)是较受学员喜爱的思政教育形式。教师应更加自信地进行课程思政实践,学校应鼓励思政背景教师在社区教育中,仔细研究学习者的学习特点,用好自身专业背景,开发高品质思政课。

教师素养对学员道德品质影响大。45.09%的学员认为教师在理想信念、道德情操、扎实学识、仁爱之心等方面的表现对学生的道德品质的影响"非常大",

35.97%的学员认为影响"比较大",即81.06%的学员肯定了教师师德和专业素养对自身的影响。

多数学员对目前社区教育课程思政真实意义表示受用。多数学员能够感受到教师的思政教育设计,且很受用。认为教师在课程中讲授的思政内容"有用,给予我积极的思想指导,使我正确待人处世"的学员占78.3%。78.45%的学员肯定了教师挖掘出来的思政元素对自己的影响程度,认为"比较大",甚至是"非常大"。三分之二(62.83%)的学员表示会将所学转化为行动。

3. 课程思政的开展效果

近八成学员对开展情况较为满意,实践效果超预期。被调研的教师群体中,93%的教师认为自己实施了课程思政,其中超过一半(55.09%)的教师认为自己所实施的课程思政"效果较好,且形式多样、内容丰富"。受访教师认为70.32%的学员对自己所实施的课程思政比较认可。对于目前社区教育课程思政学习开展的情况,34.35%的学员觉得"非常满意",44.59%的学员觉得"比较满意"。由此可见,近八成(78.94%)的社区学员对社区教育课程思政较为满意。较教师认为的70.32%高,效果超出了预期。

关注学员需求,进行系统师训是较有效的推进措施。改进措施方面,学员选择前两位的是"关注学员的兴趣和需求,进行针对性教育"(72.44%)和"注重理论与实际相结合,提高应用性,加强实践教学"。教师认为推进课程思政建设的前两位有效措施是"开展课程思政培训"(46.79%)和"公布课程思政方案或指南等"(42.64%)。关注学员学习需求,明确思政内容,进行系统师训,优化实施方式是落实社区教育课程思政需要突破的重要方面。

(三) 成因分析

结合调研情况,项目组从社会因素和教育体系因素两方面对基本结论的成因分析如下:

1. 社会因素

重要讲话和系列文件的出台,持续影响着师生的思想观念。习近平总书记强调,"要用好课堂教学这个主渠道,思想政治理论课要坚持在改进中加强","其他各门课都要守好一段渠、种好责任田,使各类课程与思想政治理论课同向同行,形成协同效应"。中共中央、国务院《关于新时代加强和改进思想政治工作的意见》,中共中央办公厅、国务院办公厅印发的《关于深化新时代学校思想政治理论课改革创新的若干意见》,以及教育部等十部门印发的《全面推进"大思政课"建设的工作方案》等系列文件的出台,使得课程思政理念深入人心。

尚未有权威性上位文件,影响了社区教育课程思政的成效。2018年4月教育部印发《教育部关于加强新时代高校"形势与政策"课建设的若干意见》、2019年4月教育部印发《普通高等学校思想政治理论课教师队伍培养规划(2019—2023年)》、2020年5月教育部印发《高等学校课程思政建设指导纲要》、2022年11月教育部印发《关于进一步加强新时代中小学思政课建设的意见》……这些文件对高校和中小学课程思政从理念、内容、方法、队伍、工作途径等方面全方位给予了规定和指导,而社区教育更多的是作为可以调动或整合的资源存在,上位针对性文件的缺失影响了社区教育课程思政的成效。

2. 社区教育体系因素

社区教育对象的多样性加大了教育难度。随着互联网的普及,多元化的思想和文化极易冲击人们的思想,出现信仰缺失、价值观混乱等问题,对社会的和谐稳定和经济稳步发展造成掣肘。因此,在新时代背景下,社区教育融入思政理念是由构建和谐社会及共同创建美好生活的目标所决定的,是引导人们树立正确价值观的关键策略。社区教育由于受众广泛,各类学习者对待课程思政的接受度、认知水平、理解能力等都差异较大,加大了社区教育课程思政的难度。

社区教育课程体系纷繁增加了复杂性。《上海社区教育课程分类体系(2020版)》显示,上海市社区教育课程体系包含六大系列、45类和405门课程。相较于如此纷繁的课程,社区教育教师专兼职教师人数配置不足,课程多、教师少。教师们各自为战多,合作共建少。教师们对课程思政的研究也往往局限于自己所任教的那类课,甚至是那门课,影响了所授课程思政元素挖掘的效率和深度,社区教育课程思政整体推进进程也受到影响。从纯思政课程的开设而言,目前松江区13所社区学校和松江老年大学中专门开设思政课程的学校不多,大多停留在偶尔的讲座、宣讲中。

教师课程思政意识发展不平衡影响了进程。教师承担着"课程思政"的主体责任。虽然有三分之二的教师已经"有意识地渗透到各教学环节",甚至有教师已经"围绕思政目标构建课程",但参与教师比例和实施效果仍有较大提升空间。苏联教育家凯洛夫认为:"学校在用知识武装新一代的同时,就形成了学生的世界观和道德面貌,培养了他们的共产主义的行为。"这是"智德论"典型代表。有教师认为"所有课程都有教义,只要我上好专业课,就是实施了课程思政"。未很好地理解课程思政的意义和价值,未有意识挖掘蕴含在专业课中的思政元素,并将其有机融入专业课。唤醒教师的思政意识,统一认识,是落实课程思政的关键步骤。56.6%的受访教师认为"担心生硬地融入思政元素,影响教学效果"是目前社区教育课程思政的最大困难。对课程思政具体目标意义价值认识不够、社区教育课程思政内容不明晰、缺乏方法指导等问题,导致教师不知道如何开展社区教育课程思政,影响了教师构建社区教育课程思政的内驱力,进而缺乏参与课程思政的热情。

五、社区教育课程思政提升策略和建议

(一) 提升思政意识

1. 将课程思政建设摆在社区教育事业发展的重要位置

面对复杂多变的社会环境和社区教育体系的复杂性,需要将课程思政建设摆在社区教育事业发展重要地位的位置来予以重视和推进。成立课程思政建设工作领导小组,设立课程思政建设工作专班,大力推进社区教育课程思政的整体规划、统筹保障、教学改革、课程设计和师资培训等工作。持续强化制度规范和政策支撑,研究制定指导性文件,构建各类课程与思政课协同配合、同向同行的长效机制。

2. 将课程思政纳入专兼职教师的培训中

课程思政理念能否落实到课程教学中,关键在教师。调查显示,大部分教师课程思政实施意愿强,亟需方法指导。因此,需要将课程思政纳入专兼职教师培训中,以提升教师育人能力为重点,全面加强社区教育专兼职教师队伍建设。同时,打造一支由校内外专家共同参与的"课程思政"骨干教师队伍,开展集体备课、内部理论研讨、编制课程大纲和教学材料。组织教师深入社区调研,在深入了解党和人民伟大实践、社区特点中汲取养分、丰富思想,明理入心,形成育人

"自觉",具备育人能力。

(二) 明确思政内容

1. 以人为本,因材施教开展社区教育课程思政

中小学生、老年人、青年人都是社区教育的服务对象,需要厘清社区教育课程思政重点人群的重点需求,遵循学习者认知规律,统筹规划,系统有效实施。通过进一步细致深入地调研和实践,摸清各类学习者分别的社会关注点、思想困惑点和理论渴求点,进而依托不同的工作项目,采用学习者喜闻乐见的教学方式、贴近生活的教学内容,分类施策,有的放矢地落实课程思政,着力打造一批适合不同学习者的社区教育课程思政示范课程和项目。

2. 把握重点,系统梳理社区专业课程思政元素

把握社区教育课程思政重点内容,融入具有时代性、前瞻性思政内容,把握时代发展对各类人才培养的要求。在社区教育课程思政的内容选取上,社会主义核心价值观和文化可以作为重点关注。此外,专业教学本质上就是一个价值塑造、能力培养,以及知识传授高度融合的过程。课程和思政是高度统一的。专业课程作为课程思政建设的基本载体,其思政内容的挖掘不容忽视。要系统梳理社区教育各类专业课程教学内容,结合不同课程特点、思维方法和价值理念,深入挖掘课程思政元素,有机融入课程教学,将时代的、鲜活的正能量引入社区,达到润物无声的育人效果。

(三) 优化实施方法

1. 立足课堂,实现知识传授与价值引领有机统一

根据调查,80.38%的受访教师认为"线下课堂"场景对于课程思政实施最有效,从课堂切入是提高社区教育课程思政实效的关键抓手。要从教师熟悉的课堂教学场景入手,弱化知识结构本身,以人为本,回归教育本源,重构课程,遵循先易后难、循序渐进原则,在最大限度地发挥课堂教学育人主渠道作用的同时,鼓励教师开展课程思政教学改革,注重选树优秀典型,推出优秀课程思政示范课程,选拔"最美课堂"、优秀教学团队和教学名师,加强社区教育课程思政方法指导,破解课程思政"硬融入""表面化"等问题,为"课程思政"深入推广提供核心支撑,探索"知识传授与价值引领相结合"的有效路径。

2. 开发思政新资源，开辟新渠道

调研发现，教师对场景的倾向次序为"线下课堂"(80.38%)、"人文行走/游学"(56.98%)、"校园文化浸润"(51.32%)、"线上教学"(48.30%)。"线下课堂"有非常明显的优势，但教师对"人文行走""校园文化浸润"以及"线上教学"等倾向也较明显。因此，开展社会实践、建设校园文化、利用好网络这一新阵地等都可以作为思政渠道。应不断创新教学方法，拓宽思政渠道，开门办思政课，调动各类社会资源，不断开辟"社区教育课程思政场"。

六、社区教育课程思政研究阶段性成果

经研究实践，目前社区教育课程思政已在区级规划与政策层面、校级制度与机制设计层面、课程技术标准与规范设计层面、队伍保障层面和教师实践层面取得了阶段性研究成果(如图2)。

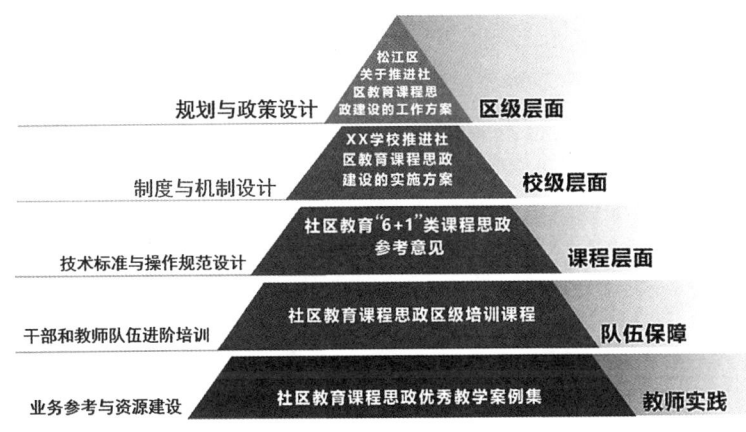

图2　社区教育课程思政研究阶段性成果

(一) 规划与政策层面：构建了社区教育课程思政区级协同联动机制和实施路径

将课程思政推进列为区域终身教育工作要点，初步形成了《松江区关于推进社区教育课程思政建设的工作方案》(沪松教〔2023〕36号)，实现松江区社区教育"校校重思政"和社区教育课程"门门有思政"的新格局。

项目组探索出纵横相交、相互扶持的社区教育课程思政的实施路径。纵

向上,形成了"区级颁布工作方案—学校形成推进方案—教师开展课程思政探索";横向上,形成了"'6+1'系列课程思政参考意见—课程展示(教学大赛)—课程案例微课"。这为今后社区教育课程思政的推广与可持续研究提供了规范性指导与参考。

(二)制度与机制层面:推出符合校情的校级课程思政实施方案

在区社区学院领衔下,区域内各社区学校都陆续制定了富有学校特性的校级层面课程思政推进方案与机制,对学校推进课程思政做了研究,并形成"要求"。学院将方案进一步收集整理,集结成杂志专刊供互相借鉴交流。

(三)技术标准与操作规范:编制社区教育系列课程课程思政参考意见,开发微课解析

将社区教育七大系列课程纳入全课程思政体系,以不同课程的特色和优势为出发点,以深度挖掘提炼课程知识体系中所蕴含的思想价值和精神内涵为切入点,以不同的课程育人目标为着力点,有机融入课程教学,科学合理拓展课程的广度、深度和温度,增加课程的知识性、人文性和科学性,提升引领性、时代性和开放性。同时,为使一线教师更好理解参考意见,项目组组织编者们开发了配套解读系列微课,以更直观的方式生动分析各系列课程该如何在教学实践中落实课程思政,进行更细致的辅导,帮助教师消除畏难情绪。

(四)干部和教师队伍建设:组建雁阵式推进队伍

以课程思政研究项目组为核心队伍,整体研发推进。向外拓展第二层骨干队伍,包含参与意见编写和进行课程思政教学实践的教师们,为社区教育课程思政的研究提供更多人力支撑和智慧支持。开发区级师训课程后,通过区级课程思政的系列培训课,引导教师尝试发掘社区教育课程的思政元素,向全区社区专兼职教师覆盖。

(五)业务参考与资源建设:建设社区教育课程思政资源库

打造一批适合不同学习者的社区教育课程思政示范课程和项目。

1. 学生群体

(1)课程思政进校园

叶榭镇社区学校"传统文化集市"、佘山镇社区学校"棕编技艺进校园"即是

将传统文化课程送进校园,并作为中小学"双减"课后服务课程存在。

(2) 学生志愿者进社区

大学生和中学生则更多的是利用课余时间或寒暑假参与到社区教育活动中,比如智慧助老项目,在社区学校统一培训,搭建平台,让小手牵起大手。

(3) 社区教育课程思政在社区

利用学生社区实践指导站,我们通过红色学习笔记,串联起看红色书籍、赏红色电影、走红色线路、做志愿服务等类型丰富的社区行动课程,学生从身边人、身边事出发,在社区中受教育。

2. 老年人群体

老年人群体是社区教育机构服务的主要人群之一,对于这类人群,社区教育教师在实施教学时,从教学内容、教学方式到教学效果评价各方面都会照顾到该人群特点。比如,拉丁舞课程会更多提示学员量力而行,适度运动。同时,创新课程组织形式,通过"人文行走"研学活动,社区学习坊体验项目等,落实社区教育课程思政。

3. 农民群体和产业工人群体

主要通过体验学习、主题讲座、亲子活动等落实课程思政。农民群体中,典型人物的挖掘和反哺社区行动也是行之有效的措施之一。如,石湖荡镇社区学校推荐的"全国农业劳动模范"曹林坤,扎根田野,乐学奉献,是村民发家致富的引路人,也是先进农机的研发人,还是乐于奉献的带头人,用实际行动讲好思政故事。

建设教师课程思政优秀课例集。通过连续两届区级社区教育教学大赛的历练,各校以教师们熟悉的课堂主阵地为切入口,立足课堂,积累不少优秀课例。经学院项目组整理评选,汇编了覆盖七大系列的案例集,呈现于本书的实践篇。

自此研究项目申报以来,通过多次的培训、学习和活动,松江区各社区学校对课程思政的研究更加重视,不仅形成了学校层面课程思政推进的方案与机制,更在教师培养与发展中将教师的思政素养作为发展的重要方面。同时,社区教育教师通过课程思政系列培训、项目的参与、教学大赛的参加,对课程思政从政策的宏观理解和课程的微观落实都有了很大提升,课程思政意识不断增强,课程

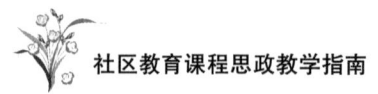

思政水平不断提高。2022年12月、2023年3月,上海市老年学校素质教育指导中心在全市范围内组织开展的上海市老年学校素质教育示范课交流展示活动中,松江区一等奖两位、二等奖一位、三等奖两位。全区推进社区教育课程思政研究呈现蓬勃向前的氛围。

社区教育课程思政,从理论基础到实际行动,需要有志者开拓跋涉。松江区终身教育工作者在社区教育课程思政建设的道路上已然迈出了坚定的一步,营造了全区开展社区教育课程思政实践和研究的良好氛围。知之愈明,则行之愈笃。期待有更多高水平"金课"诞生,讲好用好新时代的"大思政课",激活社会"大课堂",汇聚全社会育人"大能量",以家国情怀润心,铸牢信仰之基,铸就美好人生。

理论篇

以文化人　润物无声

——社区教育文化素养系列课程思政教学参考

一、课程定位与育人价值

【课程定位】

社区教育文化素养系列课程以全体社区居民为教育对象,致力于全面提高社区居民的文化素养,激发和培养热爱祖国文化的思想感情。文化素养课程继承和发扬中华优秀传统文化和革命传统文化,弘扬以爱国主义为核心的民族精神和以改革创新为核心的时代精神,体现社会主义核心价值体系的引领作用,以其丰富的人文内涵广泛而深刻地影响社区居民的精神世界。

根据《上海社区教育课程指导性大纲(新编)》,目前社区教育文化素养系列课程可分为六类,包括国学与历史、礼仪礼节、乡土教育、民俗文化、收藏鉴赏、文学欣赏。文化素养课程教学中应重视课程对学习者思想情感所起的熏陶和感染作用,培育良好的思想道德风尚,同时也要尊重学习者在学习过程中的独特体验。

【育人价值】

社区教育文化素养系列课程以弘扬优秀传统文化为根本任务,肩负着传播正确的历史事实的责任,引领文化自信,强化责任担当。大力弘扬以爱国主义为核心的民族精神和以改革创新为核心的时代精神,教育引导学习者深刻理解中华优秀传统文化中讲仁爱、重民本、守诚信、崇正义、尚和合、求大同的思想精华和时代价值,教育引导学习者传承中华文脉,富有中国心、饱含中国情、充满中国味。

要在课程教学中帮助学习者掌握马克思主义世界观和方法论,从历史与现实、理论与实践等维度深刻理解习近平新时代中国特色社会主义思想。要结合专业知识教育引导学习者深刻理解社会主义核心价值观,自觉发展社会主义先进文化,弘扬革命文化,传承中华优秀传统文化。

二、课程思政的目标与内容

课程思政视域下的社区教育文化素养系列课程应立足课程与学科特性,注重形成文化素养类课程与课程思政同向而行,形成全员、全程、全方位育人格局。把课程思政内容渗透到文化素养教学中,让学习者有所感、有所悟,不仅满足学习者的文化素养需求,更要让学习者的技能、情感得到发展。

参照《高等学校课程思政建设指导纲要》(教高〔2020〕3号),结合社区教育文化素养系列课程教学实践,以社区教育文化素养系列课程教学实践为根基,现列举课程思政目标如下:

政治认同:坚决拥护中国共产党的领导。坚定不移大力推进中国社会主义文化建设,践行社会主义核心价值观。

国家意识:增强国家意识,深化对国家统一重要性的认识。具有全球意识和国际视野,能尊重世界上不同国家和地区文化的多样性和差异性。学会尊重、理解、欣赏各民族文化的差异,反对民族分裂,促进民族团结。正确处理好传统文化与西方文化之间的关系,实现民族性与时代性相结合、传承与发展相结合、借鉴与包容相结合。

文化自信:了解汉语言文字背后深厚的中华民族思想文化底蕴,增进民族文化认同感和自信力。增强中华文明传播力、影响力,推动中华文化更好走向世界。

尊重世界多元文化,开阔国际视野,热爱中华优秀传统文化,了解各民族风土人情、民俗文化,提高文化修养。

继承革命传统,弘扬民族精神,增强历史使命感和社会责任感。

弘扬以爱国主义为核心的民族精神和以改革创新为核心的时代精神,树立社会主义核心价值观,培养良好思想道德风尚,逐步形成积极的人生态度和正确的世界观、价值观。

公民人格:感受生命美好,树立积极向上、身心健康的人生观。提升人文素养,践行守法诚信,在人际交往中秉承自由平等原则。将文化自信自强融入自尊自信、乐观向上的人生态度中,展现昂扬向上的精神风貌。

立足社区教育文化素养系列课程的课程思政目标,以国学与历史、礼仪礼节、乡土教育、民俗文化、收藏鉴赏、文学欣赏等六类课程为例,围绕政治认同、国家意识、文化自信、公民意识,本教学参考设定课程思政具体内容与要求如下,供教师参考。

一级目标	二级目标	具体内容与要求	举例
政治认同	党的领导	1. 坚持"双百"方针,即"百花齐放,百家争鸣" 2. 参观中共一大会址、二大会址等爱国主义教育基地	《二十四史选读与赏析》 《中国共产党简史》
	政治制度	1. 要坚定不移大力推进中国特色社会主义文化建设;正确认识、科学理解其内涵 2. 认同中国梦,增强国家意识,坚信实现中华民族伟大复兴的中国梦的远大目标 3. 坚定文化强国的国家战略方针	《中国近代史》 《中国政治制度史》
	科学理论	1. 了解马克思主义世界观和方法论,马克思主义中国化理论创新 2. 学会用正确的观点认识事物,分析事物 3. 养成阅读书籍、报纸、杂志的良好习惯,提升科学文化修养	《新概念哲学》
	发展道路	1. 坚守中华文化立场,坚定文化自信,增强中华文明传播力、影响力 2. 面对西方文化的蔓延,保持个体思想独立性与文化主体性	《中国文学》 《浦东文史》
国家意识	国家利益	1. 在历史类相关课程的学习与活动中,深化对国家统一重要性的认识,面对不利于国家统一的言论和行为能主动抵制 2. 通过课程学习,了解并掌握国家版图、中国外交以及国家主权利益等相关知识,能正确地阐述并形成一定的自我理解 3. 关心时政事件或新闻报道,能坚定地与祖国同心同行,保持正确、坚定的立场 4. 理解个人发展与国运、时运的联系	《世界现代史》 《新编上下五千年》

续　表

一级目标	二级目标	具体内容与要求	举　例
国家意识	国情观念	1. 客观理性地认识到我国发展的优势与不足，树立忧患意识、责任意识 2. 立足于文化观念与民族复兴的内在关联性，不断省察自身的文化观念，树立符合时代要求的文化观念 3. 了解自己生活的社区，自觉保护人文环境，共同参与建设和谐家园	《上海弄堂》 《中国近代史》 《国学基础》
	民族团结	1. 学习中华民族发展历史，赞同维护民族团结是我国各族人民的根本利益所在的观点 2. 参加弘扬民族精神的主题活动，理解和感受我国优秀的民族文化 3. 学会尊重、理解、欣赏各民族文化的差异，旗帜鲜明地反对民族分裂，促进民族团结	《二十四节气民俗文化》 《姓氏溯源》
	国际视野	1. 正确处理好传统文化与西方文化之间的关系，实现民族性与时代性相结合、传承与发展相结合、借鉴与包容相结合 2. 具备鉴赏其他文化的能力，掌握文明社会普遍认可、适用的基本礼仪和礼节 3. 关心实事新闻，学习和理解我国的外交政策；了解"一带一路"倡议的基本内涵和重要意义	《国际礼仪》 《世界经典影视赏析》 《中外文化精选》
文化自信	国家语言	1. 了解汉语言文字背后深厚的中华民族思想文化底蕴，以使用汉字为傲。树立自信、自觉的文化观念 2. 参加各类文化交流活动，以推动中华优秀思想文化的传播为己任 3. 自觉抵制不规范、不文明的语言，自觉维护国家语言的纯洁性 4. 自愿学习并推广地方方言，传承优秀地域文化，增强归属感和自豪感	《汉字艺术赏析》 《汉字故事》 《说文解字》

续　表

一级目标	二级目标	具体内容与要求	举　例
文化自信	历史文化	1. 主动研究中华文明发展线索,基本知道中国历史中的重大事件,领悟锐意进取的民族自强精神与社会责任感 2. 选读中国传统经典作品,把握其丰富的内涵和浓厚的文化价值,研究中华思想的精髓,感受中华文明的博大精深 3. 热爱中华优秀传统文化,并深刻理解、接受熏陶 4. 了解近代国人在面对古今、中西、新旧的现实矛盾时所做的艰难抉择、前行历程,增强民族自豪感和自信心 5. 参观走访历史文化遗迹,感受、传承并发扬近代国人"天下兴亡、匹夫有责"的担当精神	《国学经典讲读》 《古诗词赏析》 《周易讲读》 《国学名著鉴赏》 《中华好家风》
	革命传统	1. 通过对经典革命文学作品的赏析,培养学习者的爱国主义情感和革命英雄主义精神 2. 积极前往革命遗址参观,亲身感受革命先烈们不屈不挠和艰苦奋斗的精神,增强历史责任感和使命感 3. 通过对中华优秀传统文化的学习和传承,发掘其中蕴含的革命精神和爱国情怀 4. 参加社会实践活动和志愿服务活动,如红色文化志愿者、环保公益活动等,感受革命精神的内涵和实践意义	《毛泽东诗词选读》 《经典永流传——经典影视插曲》
	时代精神	1. 正确理解社会主义核心价值观的时代意义和实践价值,并将其内化为自身的价值观念和行为准则 2. 正确理解传统文化中的道德观念、人文精神等价值理念,并将这些理念融入现代生活 3. 学习以改革创新为核心的以人为本、和平发展、社会和谐、与时俱进的时代精神,全面了解我国的国情和改革开放的伟大成就 4. 积极学习为国家富强、民族兴盛而奋斗的优秀人物锐意进取的精神和奋勇争先的良好品质,树立尊重实践和求真务实的科学态度,自觉发扬勇于探索的创新精神	《上海弄堂》 《金罗店的故事》 《文学写作》

续 表

一级目标	二级目标	具体内容与要求	举 例
公民人格	健康身心	1. 感受生命的美好，能进行自我情绪的调节 2. 提升人文素养，包括审美观、文化品质和自我创造能力、创新精神等；通过培养个人对于各种艺术形式的爱好，提升审美情趣和鉴赏能力 3. 促进身心健康，用思想性、艺术性、观赏性相统一的优秀作品，传递积极人生观和价值观，弘扬真善美，贬斥假恶丑 4. 善用中国传统文化核心价值观念规范和约束个人行为	《日常社交礼仪》 《商务礼仪》 《社交礼仪文化》
	守法诚信	1. 通过法治主题学习、实践宣传等活动，树立自觉守法意识、社会公德意识等，尊重原创，抵制抄袭 2. 对国家宪法和法律有基本认知，并能运用法律维护自身的合法权益 3. 善于继承和弘扬中华优秀传统文化精华，涵养公民道德 4. 将优秀传统诚信文化转换成现代诚信文化。诚实守信，踏实做人，对自己和他人负责 5. 能在与家庭成员、同伴的交往中做到言行一致，为营造诚实守信的良好环境尽到自己的一份责任	《字里中国——信》 《紫砂鉴赏》 《工艺美术鉴赏》
	自由平等	1. 在人际交往中秉持尊重、自由、平等的理念 2. 在法律面前人人平等，尊重传统伦理道德文化，尊重他人的人格、宗教信仰、民族风俗习惯	《人类社会与宗教文化》
	自强合作	1. 要坚定文化自信自强、担当使命、奋发有为。强化对文化生命力、文化感召力与文化影响力的高度认同 2. 将文化融入自尊自信、乐观向上、意志坚强的人生态度中，展现昂扬向上的精神风貌 3. 理解中华优秀传统文化中自强不息、厚德载物等传统价值观，培养文化自信和民族自豪感 4. 热心公益和志愿服务，形成正确的劳动观和志愿者奉献精神	《太史公传》 《回忆录写作》 《跨文化交流》

注：因课程类型较多，在此举例仅供参考，类似课程可自行推演。

三、课程思政教学策略

（一）把握课程属性

尊重文化素养类课程的特性，坚持工具性和人文性的统一；遵循学习规律，在对语言文字、历史文化、文学欣赏、乡土民俗等的深入领会中实现美好情感的熏陶，避免出现空洞说教的教学现象。

（二）注重有机渗透

教学目标设计和课堂教学实践活动，应结合具体的课程内容及学习者的身心特征、认知水平，自然地渗透课程思政。有效的教学设计可以让"思政之盐"充分溶解于"课程之水"，真正做到"润物细无声""水滴石穿"式育人，提高育人效果。切忌将课程思政目标与知识、技能等目标割裂开来。

（三）强调生动活泼

寓思政于有趣的课堂教学活动和实践活动之中，使学习者在丰富多样的教学活动过程中受到教育，得到启迪，从而自觉规范自身行为，形成良好习惯。

（四）开发多样资源

根据教学实际，利用信息技术和网络资源，积极开发多样的教学资源，并主动探索适合本课程的课程思政途径和方法，有效落实课程思政目标。

（五）实施多元评价

坚持以学习者的发展为本，采用多种评价方式（如纸笔测试、观察记录、活动交流等），设计多样化的评价途径（如"学习日志记录表""学习过程自评表"等），强化评价的诊断、改进与激励功能，激发学习者的学习热情，促进学习者的精神发展。

四、课程思政教学保障措施

（一）深入钻研，区级教学研究机构提升指导力

建立推动区级文化系列教研室，研究与实施课程思政的相关机制，开展校级跨学科主题教研活动，着力提升文化素养类教师的道德修养、理论素养和专业技

能,特别重视教师课程思政教学创新与能力的培养;要精心组织开展听课、评课等活动,推选示范课和精品课,积极探索文化素养类课程教学过程中的基本规律,形成高质量、操作性强的实践成果;重视课程思政教学方法的研究,根据不同的教学内容和教学对象,有效地选择和运用案例分析、问题探究、合作学习、话题讨论、调查实践等多种教学策略和方法,采取更多的学习活动形式,提高课程思政的效果。

(二)加强管理和监督,学校管理层深度参与教学管理和督促监督

各类各级课堂是实施课程思政教学的主阵地。应认真落实课程标准,正确把握社区教育文化素养系列课程课程思政的核心要求;按需开设课程,重视文化素养系列课程的育人价值;充分发挥学校团队的力量,不断提高思政教学的针对性和有效性。

在课程思政建设与管理工作方面,学校管理层需要加强街镇学校及学校职能部门立德树人教育根本任务的落实与监督,督促教师课程思政体系的形成。必须对教师课程思政的教学方式进行调研,细化考查任务内容。扩充校内考察的方式方法,多渠道地了解所有课程中课程思政的落实情况和经验,为立德树人教育根本任务的实现掌握第一手材料。

(三)狠抓队伍,增强专兼职教师的专业力

要大力加强师资队伍的建设,逐步建设高水平的文化素养类学科教师队伍。专兼职教师应具备扎实的学科专业知识和完善的教育理论知识;应当遵循学科教学规律、课程思政教学规律和学习者成长规律,精准把握学科教学与课程思政的结合点;应当充分挖掘教材中的课程思政资源,结合社区教育的实际,把握好课程思政的渗透角度和层次。

(四)建立完善的考核、激励与责任机制

对教师做出评价是考察教师能否推进课程思政建设取得实效的必要环节,要对广大教师的课程思政意识、教学内容、教学成效等做出分析考核,将课程思政成效分出优劣,激发教师竞争意识。因此,学校需要围绕课程思政的组织设计、推进环节、育人成效等方面进行考核,把"思政要素"能否发挥应有价值作为衡量课程思政建设质量的前提基础,把方式方法是否契合实际需要作为衡量课

程思政建设质量的基本条件,把学习者的满意度作为衡量课程思政建设质量的价值归宿,做出系统、全面的评价,防止标签化和功利化。

根据考核结果建立完善的激励与责任机制,紧紧围绕课程思政建设实效设置奖励办法。在任务设置上,既要注重目标责任的可行性、层次性,又要注重递进性、可控性。设立专项课题和教育教学项目,使广大教师深切感受精神激励的同时也获得相应的物质激励。对按时按质完成的优秀教师进行表扬和奖励,并在年终评优、职称、职务晋升时优先考虑优秀教师。使被褒奖者受到激励和鼓舞,使未受褒奖者及时向先进看齐。

(五) 整理资源,社会资源提升支撑力

教育行政部门要积极协调和开发社会实践资源,丰富和拓展课程思政教学有效开展的途径。教师应树立融合、开放、发展的课程资源观,整合并优化课程资源,如博物馆、爱国主义教育基地、人文景观等课程资源。结合社区教育和学校的工作实际,重视本土资源尤其是社会实践资源的开发和利用,充分发挥人文素养类课程文化育人的功能,使之为课程实施和教学服务。

案例　字里中国——信

一、基本信息

这是一节面向松江区老年大学学习者,选自文化素养课程《字里中国》,参加上海市老年学校素质教育示范课交流展示活动的教学评比课。本教学案例以汉字"信"为切入点,通过探讨"信"的字形演变及文化内涵,引导学员深入理解中华优秀传统文化的精髓,并从中汲取道德力量,提高个人素养。

二、课程思政价值描述

1. 提升学习汉字知识的兴趣,感受汉字所蕴含的造字智慧,为几千年从未中断的汉字历史感到骄傲,为灿烂辉煌的古代文明而自豪。

2. 了解汉字"信"不同历史时期形态的变化过程与历史典故。能辩证地认识诚信在不同时代背景下对人们价值观形成的影响,并汲取道德的力量。

3. 在学习体验汉字的基本知识的同时,培养人文与审美情趣,提高汉字运用能力,弘扬社会主义核心价值观,强化"诚信"意识。

三、案例正文

教学片段一：短片导入　引出主题

教学设计：播放《诚信》公益短片,引导学习者归纳短片主题——信。

提问：社会主义核心价值观中是否有"诚信"二字？

回答："爱国、敬业、诚信、友善"是公民层面的价值要求。诚信,是一种品格,是一个人的安身立命之本。人与人往来离不开诚信,国与国相交,也离不开诚信。在现在的中国如此,那么在古代呢？让我们一起穿越千年,看汉字"信"的前世今生。

设计说明：以喜闻乐见的公益短片,开门见山式地引出本课主题——信。同时采用提问的方式,联系社会主义核心价值观,在一问一答的过程中,发现"诚信"是公民层面的基本价值要求,提出诚信是一个人的安身立命之本,突出"诚信"的重要性,为探索汉字"信"的前世今生打下良好基础。

教学片段二：多管齐下　造字之美

教学设计：通过图文的方式展示甲骨文的"信"——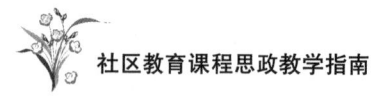,左边为"口",右边为"人"。接着让学习者通过动手描画的形式体会甲骨文字形的特点：线条细长,笔画钝折明显。之后引发学习者讨论,人而无信不知其可、人言为信中"信"代表何意,解释"信"的本义表示言语的真实。

设计说明：甲骨文的"信",直接用了一个"口"和一个"人"展示,直截了当,简明有力。字形上整体结构图画性强,古朴有趣,形象展现了汉字之精妙。学习者在感悟古人精妙的造字智慧的同时,无形之中提升了对学习汉字知识的兴趣。学习者在进一步动手描画的过程中更加深刻地体会了甲骨文的特点,同时对古人造字的初衷有了感同身受般的体验。讲、议、练多感官参与中感受了文化的冲击,为汉字之美而自豪,文化自信油然而生。

教学片段三：案例分享　倡导"诚信"

教学设计：在"言而有信的今天"板块,带领学习者一同聆听习近平总书记在二十国集团领导人第十六次峰会第一阶段会议上的讲话录音。

针对录音进行解释：习近平总书记指出,诚信是结交天下的根本。这既是中国文化的精髓,也是人类社会进步发展的要义。中国自古崇信重义,今天也正在为建设更加美好的世界,贡献着中国力量。

引出"90岁诚信奶奶,十年还清2 700万欠款"的故事,引发学习者进一步交流探讨"是什么让90岁奶奶做到坚持"。

设计说明：通过分享正能量的视频和案例,倡导学习者弘扬诚信价值观。能辩证地认识社会上的正反面事例,在正面案例中汲取道德的力量,"树长者风范　做风范长者""做最美老年学员"。

上海市松江区社区学院　谢亚红

艺术之花绽放社区
社区居民与美同行

——社区教育艺术修养系列课程思政教学参考

一、课程定位与育人价值

【课程定位】

社区教育艺术修养系列课程以全体社区居民为教育对象,具有全面性和普适性的要求。以习近平新时代中国特色社会主义思想铸魂育人的战略高度为指引,坚持德育为先,弘扬真善美;以情感体验为本质,以多样化的艺术实践活动为主要学习载体,注重价值导向,重视人文关怀,旨在学习"感受与欣赏""表现""创造"及"艺术与文化"等课程内容的过程中提升审美素养、陶冶情操、温润心灵、激发创造创新活力,为培育更加全面发展的人和营造更加和谐有关怀的生活世界而努力。

根据《上海社区教育课程指导性大纲(新编)》中上海社区教育艺术修养系列课程的分类体系,目前本系列课程可分为14类,包括表演、电影、工艺画、绘画类、建筑、器乐、曲艺、摄影摄像、声乐、手工艺类、书法篆刻、舞蹈、戏剧和艺术设计等,具有艺术性、审美性、情感性、多样性、实践性、创造性等特点。

【育人价值】

社区教育艺术修养系列课程以立德树人为根本任务,以艺术形象为载体,以体验感悟为途径,将做人做事的基本道理、社会主义核心价值观的要求、实现中华民族伟大复兴中国梦的使命与担当贯穿到课程的教育教学中,着重加强社会主义先进文化、革命文化、中华优秀传统文化的教育;坚持以美育人、以美化人，引领学习者在视、听、演、创等健康向上的审美实践中感知、体验、理解艺术，逐步提高感受美、欣赏美、表现美、创造美的能力，引导学习者树立正确的历史观、民族观、国家观、文化观，提升人文素养，坚定文化自信。

二、课程思政的目标与内容

课程思政视域下的社区教育艺术修养系列课程应立足课程与学科特性，注重形成艺术修养类课程与思政课程同向同行、多方协同的全员、全程、全方位育人格局。

以教育部印发的《高等学校课程思政建设指导纲要》（教高〔2020〕3号）为理论框架，以《上海市中小学美术学科德育教学指导意见》等为参照，以社区教育艺术修养系列课程教学实践为根基，并从政治认同、国家意识、文化自信和公民人格四个维度来列举目标与内容，本教学参考具备了较强的理论指导性与实践操作性。

政治认同：感受中国共产党领导下的国家发展与文化繁荣，激发学习者的国家认同感和民族自豪感。

国家意识：通过艺术了解本地区、本民族和其他地区、其他民族的审美习惯、价值观念、表现形式、经验技艺、生存环境和生活方式等，树立文化平等意识。

文化自信：了解我国传统艺术文化的发展历程和研究进展，学习和领会中华优秀传统文化精髓，用艺术讲好中国故事，增强民族自豪感和文化自信心。了解中国艺术家在世界艺术领域的贡献，形成文化自信和民族自豪感，激发爱国热情。

公民人格：以艺术审美为核心，丰富艺术审美体验，提升审美趣味。强调艺术实践，鼓励艺术创造，以艺术手段表现美好生活，完善自我，促进人际交往和情感沟通，以艺术为桥梁构建和谐社会。感受艺术与自然、生活、文化、科技的联系，汲取丰富的审美教育元素，关注学科综合。

立足课程思政目标，本教学参考设定课程思政具体内容及要求如下，供教师参考：

一级目标	二级目标	具体内容与要求	举例
政治认同	党的领导	1. 在欣赏、创作以党的历史、党的宗旨与使命、党与国家社会个人关系等为主题的艺术作品的过程中,能从题材内容、典型人物、事件的发生发展、创作背景等方面感悟艺术作品中的思政元素 2. 能通过重点关注艺术的基本要素(线条、明暗、音高、音长、光影、叙事)、设计原则(布局、对比、节奏等)、体裁形式读懂艺术的语言及其展现的艺术感染力在表达思政元素时所起到的作用,获得美的熏陶,增强爱党、爱国、爱民之情感	《观电影,学四史》《国画山水画》《沪剧》
	政治制度	提升自身宪法法治意识,坚守法律底线,坚决抵制艺术从业工作者违法乱纪现象,不盲目崇拜	学校宣传栏、社区艺术节
	科学理论	能以马克思主义世界观及方法论为指引,通过分析优秀艺术作品的艺术基本要素,逐步提升逻辑推理、信息加工和语言表达的素养,提升艺术鉴赏力	《艺术赏析》《音乐鉴赏》
	发展道路	以社会主义核心价值观为引领,坚持走中国特色社会主义文化发展道路,在学习、欣赏、创作此类主题的艺术作品的过程中,了解发展道路的历史由来和现实表现	《朗诵》《演讲》
国家意识	国家利益	参与、组织任何艺术类活动都应以国家利益为重,坚决拥护国家主权和领土完整,维护国家安全和统一	《手机摄影》《短视频制作》
	国情观念	以多样的艺术形式和多彩的艺术作品展现国家的经济发展、社会发展、生态环境和军事力量,体悟创新形式推动国情教育	《易拉罐铝皮画的制作》《瓷绘工艺》

续 表

一级目标	二级目标	具体内容与要求	举 例
国家意识	民族团结	1. 了解汉族及少数民族艺术发展的历史进程 2. 能知晓、鉴赏经典中国艺术作品中所蕴含的民族文化、审美习惯、价值观念和生活方式等,加强民族团结,反对分裂,铸牢中华民族共同体意识	《民族声乐演唱中的咬字技巧》 《新疆舞》
	国际视野	尊重并理解世界艺术文化的多样性,通过接触国内与国外的不同艺术形式,加强对国际文化的理解并开阔视野,形成开放、包容的观念	《声乐》 《西方美术鉴赏》
文化自信	国家语言	1. 能知晓、鉴赏经典中国艺术作品中所蕴含的艺术语言 2. 感受中华艺术的魅力和艺术语言的博大精深,逐渐形成用艺术语言创造美好生活、构建和谐社会的意识	《叶榭竹编》 《手工布艺》
	历史文化	了解我国各民族的艺术发展历程,感受中华优秀传统文化的独特魅力,有传承与发展中华优秀传统文化的责任心和使命感	《古琴》 《葫芦丝》
	革命传统	通过观赏、演绎、创作相关艺术作品,了解我国的革命道路、革命人物、革命精神、革命理论	《红色电影赏析》 《走进身边的老洋房》
	时代精神	欣赏能表现祖国时代变化和改革创新成果的优秀艺术作品,了解我国改革创新的历史和进程,传承中国改革创新精神实质	《中国电影史》 《蛋雕艺术》
公民人格	健康身心	通过鉴赏、演绎和创作,提升学习者的审美能力,体悟美好的生命价值,形成自己独特的欣赏视角和向善、向美的健康价值观,更自如地发现美、欣赏美、爱上美、运用美	《纸艺花制作》 《时装形体》
	守法诚信	1. 了解版权法、著作权法等,形成规则意识,遵纪守法 2. 增强法治观念、理解公平正义,让艺术创造焕发新的艺术生命力	《演员的自我修养》 《艺术法与艺术史》

续 表

一级目标	二级目标	具体内容与要求	举 例
公民人格	自由平等	通过坚持学习艺术课程,提升个人思想品德,践行社会公德,培养家庭美德,自觉实践职业精神与职业规范	《钢琴基础》《锣鼓书》
	自强合作	在艺术实践中培养合作意识,尊重差异,平等交流,互帮互助,促进人际交往和情感沟通,以艺术为桥梁构建和谐社会	《合唱》《中国古典舞》

注：因课程类型较多，在此举例仅供参考，类似课程可自行推演。

三、课程思政教学策略

（一）聚焦思政目标，精选学习内容

以思政目标为指引，精选优秀艺术作品，立足艺术基本要素与艺术表现手法，以艺术视角解读教学内容中的思政元素，让艺术作品充分发挥传承弘扬中国精神的应有作用。

（二）引导深度思考，注重认知感悟

围绕思政目标，采用创设情境、设置问题、安排任务等形式，引导社区学习者在对艺术作品进行赏析、交流和评议的过程中提升思辨力和表达力，在艺术实践中通过"做中学"积累认知经验，通过深入思考体会艺术实践中的德育内涵，激发学习者在认知中感悟和内化思政要求，树立正确的人生观、审美观。

（三）聚焦核心素养，培养关键能力

在开展艺术实践的过程中，引导学习者学会自我管理，学会与他人合作，能处理好个人与社会的关系，遵守、履行道德准则和行为规范。营造氛围，创设情景，搭建平台，鼓励学习者在艺术实践中勇于探索、大胆尝试、创新创造。

（四）鼓励实践探究，培养坚毅品质

鼓励社区学习者在参与艺术实践的过程中发展能力、锻炼意志，培养和锻炼学习者不畏困难、勤学勤练、勇于挑战的良好品质，将课程思政目标内化于心，外化为行。

（五）加强学科协同，形成思政合力

探索艺术学科之间、艺术学科与其他学科之间的融合模式，加强学科协同，形成丰富、多元的课程思政合力。

（六）融入各类活动，拓展思政途径

组织学习者积极参与学校艺术节、校园文化建设、重要节庆、纪念日、各类比赛、展演、志愿服务等蕴含思政元素的教育活动，拓展思政途径。

（七）选择典型课例，进行示范分析

通过学科教研组听评课、教学大赛等途径积累课程思政优秀课例的课堂实录，邀请专家在师资培训期间针对课例的选题、教学设计、课程思政融入方式等特色亮点进行示范分析。

（八）完善评价方式，提升思政实效

以思政目标为标准开展评价，以教师评价、学习者自评和同伴互评相结合的多元评价方式为主，以调动社区学习者的学习积极性和自主性为评价导向，立足学科特性，持续优化评价方式，提升思政实效。

（九）重视思政科研，理论助力实践

根据课程实施情况及时记录、整理教学反思，从中提炼具有一定科研价值的选题，以个人科研、团队共研、跨学科主题教研、跨区域科研交流等形式，持续加强社区教育艺术修养系列课程课程思政理论研究，助力课程实践。

四、课程思政教学保障措施

（一）重视课程思政，落实教学实践

在学校管理层的指导下，正确把握社区教育艺术修养系列课程课程思政的核心要求；系统学习课程思政相关理念、实施课程思政的有效策略等，并积极开展教学实践。

（二）加强教学研究，提升思政能力

建立推动艺术修养系列课程教研组研究与实施课程思政的相关机制，指导教研组开展学科课程思政教学研究活动，开展校级跨学科主题教研活动，助推教师专业成长。教研组要主动发现、梳理、总结教学经验，并加以推广辐射。

（三）搭建平台，助力辐射推广

在学校管理层指导下，紧密围绕课程思政目标，开展各类社区艺术教育教学活动，为教师专业提升、学习者成果展示搭建平台，助力辐射推广区域社区教育艺术修养系列课程思政实践经验。

案例　钢琴曲——扎红头绳

一、案例基本信息

本案例是松江区老年大学钢琴提高班学习钢琴曲"扎红头绳"的第二节课，面向有一定演奏基础的老年钢琴学习者，属于社区教育艺术修养系列课程。通过本节课的学习，学员将进一步了解音乐语言、音乐情绪、音乐形象及音乐演奏四者之间的关系，以严谨的态度对钢琴作品进行二度创作，感受经典中国钢琴作品的独特魅力，激发爱党、爱国之情。

二、案例课程思政价值描述

1. 学会观察旋律的走向及骨干音的位置，感受乐句中蕴含的力度变化，用理性分析指导艺术实践，树立音乐处理非天马行空，而是要有据可依的意识，培养严谨的治学精神。

2. 结合故事情节，在比较中对作品的音乐情绪作出正确判断，理解演奏法和音乐情感表达之间的潜在联系，及二者对于艺术形象塑造所起到的作用，获得美的熏陶，提升艺术鉴赏力。

3. 重温经典，结合作品所处时代背景，体会"把人变成鬼"的旧社会与中国共产党领导下创建的幸福新社会之间的巨大差异，激发社区居民的爱党、爱国之情，能珍惜当下，不负流年。

三、案例正文

教学片段一

教师：请同学们和我一起观察一下，第4、第5小节的旋律走向有什么特点？

学员：第4、第5小节旋律先上行，再下行。

教师：非常好。第4小节里出现了全曲的最高音la，旋律又是上行，小节中也明确标注了渐强记号,同学们要注意这个高音点,运用手臂推动手腕,将力量送过去,强调这个最高音,弹出乐句的起伏变化。第5小节的后半乐句旋律为下行进行,所以力度要收回来。同学们在弹奏时运用气息、代入强弱变化反复吟唱这些乐句,有助于我们将唱出的感觉落于演奏中。

设计说明:通过与老年学习者一同观察、分析旋律的行进方向、乐句的结构、旋律中的骨干音、力度记号等音乐语言,使其明白音乐处理并不是随意的,而是有理有据的,培养学习者在学习钢琴作品时养成理性思考的习惯。

教学片段二

教师:我们再一起观察一下左手的伴奏织体。同学们请看一下乐谱上有什么记号?

学员:跳音记号。

教师:很好。下面我分别演示一下没有跳音记号和加上跳音记号的伴奏,请同学们听一听,感受一下两者有何不同?您觉得哪一种演奏法更符合作品的音乐形象?

(教师演示。)

学员:我觉得有跳音记号的更符合,不加跳音记号,听上去有些呆板、笨重,加了以后,就很活泼了。

教师:能结合故事情节,谈谈为什么这是一段很欢快的音乐呢?

学员:喜儿的爹爹杨白劳之前为逃避地主的迫害,一直躲在外面。那天是除夕,家家户户团圆的日子,喜儿也盼着爹爹早日回来。所以,当爹爹终于回来了,还给她带了红头绳作为礼物时,喜儿很开心。那音乐肯定也是很欢快的。

教师:我很赞同您的观点,谢谢。过年能与家人团圆,共享天伦之乐,在如今的我们看来是如此温馨而平常的一件事,可对于生活在"把人逼成鬼的旧社会"的喜儿与杨白劳父女来说,如此朴素的愿望竟成了一种奢求。幸而中国共产党带领广大受压迫的农民成长起来,挣脱旧社会的枷锁,创建了属于人民的新社会。让我们带着愉悦的心情来演绎本首作品,重温经典,珍惜当下,不负流年。

设计说明:在比较音乐效果的基础上,使学员先对音乐作品的情绪产生直观体验,并结合故事情节加深对音乐形象的感知,从而理解演奏法和音乐情感表达之间的潜在联系,及二者对于艺术形象塑造所起到的作用,获得美的熏陶。结合作品创作背景,体会封建旧社会与中国共产党领导下创建的新社会之间的巨大差异,引导学员能够珍惜当下。

上海市松江区社区学院　范宏

案例　纸艺花制作——红掌

一、案例基本信息

本节课是面向松江区老年大学纸艺花班级学习者的第二十节手工课,经过一学期的学习,学员们已经初步掌握了一定的纸艺花基础知识,通过本节课的学习,学员们掌握红掌的制作方法,了解红掌的知识和寓意,欣赏红掌的插花方法,本节手工课属于社区教育艺术修养系列课程。

二、案例课程思政价值描述

1. 了解纸艺花是中华传统非遗文化手工中的一种,中华文化源远流长,祖先留下许多文化瑰宝,其中非遗文化传递了人类的智慧与对美好的向往。

2. 通过欣赏纸艺花红掌作品,激发学员对红掌手工制作的兴趣与爱好,提高生活中的审美情趣。了解红掌的相关知识与美好寓意,增强学员的花卉知识,培养学员的生活乐趣。

3. 通过制作纸艺花红掌,体悟执着专注、精益求精、一丝不苟、追求卓越的工匠精神,提升个人手工技能、陶冶情操、丰富生活。

三、案例正文

教学片段一

教师: 我们从花瓣、花蕊、脉络、整体造型上点评一下四个小组的作品。

学员: 这些作品给我的感觉就一个字——美,我感觉我们今天这些老姐妹们真的是非常好,尽管年纪有点大,但是手还是那么巧,我要给大家点个赞,给自己加油。

教师: 谢谢这位学员的点评。从造型上来说,都差不太多,我们只能看细节了,第一组我们花瓣上有点脏,所以有点缺陷;第二组造型还是可以的,但是花蕊有点凌乱;第三组整体造型还是不错的,但是有两朵花都露出来了铁丝,整体看下来第四组是做得最好的。我们来看一下造型到底应该怎么做?红掌的组合讲究三个美:和谐美、艺术美、错落美,有点高大上,更具体的就是有大有小、有高有低、四面伸展、错落有致。

设计说明:通过鉴赏、演绎和创作红掌花瓣造型,提升学员的审美能力,体悟美好的生命价值,形成自己独特的欣赏视角和向善、向美的健康价值观,更自如地发现美、欣赏美、爱上美、运用美。

教学片段二

教师:红掌看起来很好看,看着就非常热情,感觉很喜庆,它的花语是什么呢?

学员:热情、喜庆。

教师:对的,红掌的花语是大展宏图、热情、热血。那它适合什么场合呢?

学员:可以直接送人,或者婚礼上用。

教师:适合婚礼上,非常喜庆。还有考试、晋升,红掌都可以作为礼物。更多的是开业大吉的时候作为花篮。同时红掌是一种比较阳刚的花,如果要送男性花卉的话,红掌是首选。下面我们来欣赏一些红掌的插花和装饰艺术。

教师进行多媒体演示。

设计说明:通过了解红掌的相关知识与美好寓意,增强学员的花卉知识,提升学员对花卉的欣赏与喜爱,清楚红掌适合的场合,了解民间送花的风俗,体悟我国的文化自信。同时欣赏红掌的插花造型,增强学员的创造力,培养学员的生活乐趣。

上海市松江区社区学院　项思匆

崇尚科学　注重健康

——社区教育健康教育系列课程思政教学参考

一、课程定位与育人价值

【课程定位】

社区教育健康教育系列课程以全体社区居民为教育对象，以传播健康知识、培养保健能力、养成健康行为为目标，倡导"每个人是自己健康第一责任人"的理念，强化个人健康责任，提高自我保健意识。引导学习者形成自主自律、符合自身特点的健康生活方式，提高全民健康素养，形成热爱健康、追求健康、促进健康的社会氛围。

根据《上海社区教育课程指导性大纲（新编）》，社区教育健康教育系列课程可分为健康管理类、心理健康类和中医养生类课程。课程内容涉及身体、心理、社会等方面的健康知识，以及预防和控制常见疾病等。课程需要根据不同的目标人群进行差异化设计，注重内容的实用性和教学方法的多样性，同时建立有效的评价机制，以提高健康教育的效果。

【育人价值】

社区教育健康教育系列课程要有助于学习者树立正确的生命观与健康观，养成健康的行为方式与生活习惯。树立整体观念，形成辩证思维，发扬创新精神。关心人类命运，敬畏自然，珍爱生命，尊重科学，感恩社会。弘扬中华优秀传统文化，坚定文化自信，增强民族自豪感和自信心，全力推进健康中国建设。

二、课程思政的目标与内容

课程思政视域下的社区教育健康教育系列课程应立足课程与学科特性，体现课程育人功能的法则和标准，主要包括知识性与价值性相统一、科学性与人文性相统一、过程思维与育人目标相统一。形成健康教育专业课程与思政课程同向同行、多方协同的全员、全程、全方位育人格局。

参照《高等学校课程思政建设指导纲要》(教高〔2020〕3号),结合社区教育健康教育系列课程教学实践,现列举课程思政目标如下,供教师参考。

政治认同:理解中国共产党人"坚持以人民为中心的发展思想"。深刻理解党始终把人民群众放在第一位,不惜一切代价维护人民生命健康的制度优势。

国家意识:了解健康中国战略,尊医重道,崇尚科学,增强国家认同感。树立整体全局意识,厚植家国情怀及天下情怀,推动构建人类命运共同体。

文化自信:弘扬中华优秀传统养生文化,体悟自省自律、中庸之道等传统心理调适方法,学习和领会中华优秀传统文化精髓,倡导整体观念,形成辩证思维,守正创新,讲好中国故事,增强民族自豪感和文化自信心。

公民人格:正确认识生命,形成正确的生命观和健康观,学会尊重生命、珍惜生命,以积极的心态、昂扬的斗志、全力以赴的行动投入学习和生活,养成完善人格,增强社会适应能力。倡导健康文明生活方式,树立规则意识、法治观念和社会责任担当意识。

根据健康教育系列课程特性,结合涉及的三类课程,围绕政治认同、国家意识、文化自信和公民人格,本教学参考设定课程思政目标与内容如下,供教师参考。

一级目标	二级目标	具体内容与要求	举例
政治认同	党的领导	理解中国共产党人"坚持以人民为中心的发展思想",认同我国健康相关国策方针、科学发展理念,拥护党的领导,践行"健康中国"国策	《"健康中国2030"规划纲要》
	政治制度	1. 理解党始终把人民群众放在第一位,不惜一切代价维护人民生命健康的制度优势 2. 正确认识我国强大社会动员能力的制度优势,形成统一指挥团结协作的力量,集中力量办大事 3. 正确认识依法治国的制度优势,各类公共食品安全问题得以有效打击,营造了稳定有序的社会环境	《中华人民共和国食品安全法》 《呼吸系统疾病的健康管理》

续 表

一级目标	二级目标	具体内容与要求	举　例
政治认同	科学理论	1. 坚持以科学理论铸牢中国特色社会主义理想信念根基,将社会主义核心价值观内化为精神追求、外化为自觉行动 2. 形成基于事实依据、逻辑关系、审辩性思维的认知方式,求真与质疑、独立与合作的价值取向,树立科学精神 3. 明白人与自然要和谐相处的道理,适应自然,顺应自然,尊重自然,热爱自然;学习用辨证论治、整体全面的中医思维指导实践;避免头疼医头,脚疼医脚	《马克思主义中国化时代化与中医药传承创新》 《中医体质分类与判定》
	发展道路	理解我国人民健康水平的显著提高与党的领导下开辟了一条符合我国国情的卫生与健康发展道路密不可分;坚定道路自信,拥护中国道路,自觉为中国道路的发展贡献才智	《开辟"中国特色"的健康道路》
国家意识	国家利益	了解国家健康制度,尊医重道,崇尚科学,坚定"四个自信"	《健康中国行动（2019—2030年）》
	国情观念	1. 强调实事求是的科学精神,深入理解做任何事情都要从实际出发,符合国情,尊重民意,从而增强道路自信和制度自信 2. 了解健康中国建设的目标和任务,自觉践行 3. 了解国民对食物的需求逐步被满足的奋斗历史,珍惜来之不易的幸福生活,为建设可持续食物系统而努力 4. 加强对中国秉持生态治国理念的认识,树立保护山水林田湖的生命共同体的意识,为子孙后代留下天蓝、地绿、水清的家园共同努力	《中国居民膳食指南》 《公筷分餐,杜绝浪费》
	民族团结	1. 理解我国各族人民与自然和谐共生的朴素文化由来已久,牢固树立社会主义生态文明观,增强民族自豪感和文化自信 2. 学会尊重、理解、欣赏各民族文化的差异,尊重各民族饮食习惯,旗帜鲜明地反对民族分裂	《中国各民族饮食文化》 《分餐制》

续 表

一级目标	二级目标	具体内容与要求	举例
国家意识	国际视野	1. 提倡预防为主,"治未病"。了解中医中药对人类健康发展的贡献,促进文明互鉴 2. 树立整体全局意识,厚植家国情怀及天下情怀,关心人类卫生健康共同体,以全球视野看待并参与新时代中国特色社会主义的建设 3. 理解中国生态文明建设对环境养生的意义	《中医药与"一带一路"国际合作》 《食物系统的可持续发展》 《环境与营养性疾病》
文化自信	国家语言	1. 重视思维的条理性和严密性,在语言表达上要力争做到表述准确、观点明确、思维清晰连贯,科学严谨 2. 与时俱进、守正创新,用世界听得懂的语言与世界对话,让中医药更好造福人类 3. 建立科学健康认知,理解医务工作者,减少医患冲突	《中医药文化国际传播》 《药膳与养生》 《中国茶走向世界》
文化自信	历史文化	1. 弘扬中华传统饮食、食品、中医养生文化,以及自省自律、中庸之道等传统心理调适方法,激发自豪感,坚定文化自信 2. 倡导和谐观念,尊重、爱护和顺应自然,人与人、人与社会、人与自然和谐相处 3. 领悟贯穿治疗始终(养生防病、辨证论治、病后康复)的中医整体思维 4. 体会饮食养生丰富的文化内涵及对各领域的影响	《茶的起源与发展》 《黄帝内经》 《中国传统香文化》
文化自信	革命传统	学习中国共产党的领导地位、共产主义理想信念、以人民为中心的立场、实事求是思想路线、革命斗争精神、爱国主义情怀、艰苦奋斗传统等革命传统教育内容	《让革命传统为学生健康成长铸魂》
文化自信	时代精神	1. 体会博大精深的中医文化,将中医文化核心价值"仁""和""精""诚"与社会主义核心价值观紧密联系,在实践中切身体会 2. 关注当前社会热点问题,辨别真理,探讨争议产生的原因及有效规避办法。一个有质疑精神且善于质疑的人,学会科学的思维,形成在尊重科学基础上进行创新的时代精神 3. 了解健康研究进展,更新健康理念,使学习更具前瞻性	《新时代"大卫生、大健康"理念》 《茶艺创新要素》

续 表

一级目标	二级目标	具体内容与要求	举 例
公民人格	健康身心	1. 正确认识生命，树立正确的生命价值观，学会尊重生命、珍惜生命，在此基础上形成感恩生活、热爱祖国等积极向上的良好品格；以积极的心态、昂扬的斗志、全力以赴的行动投入学习和生活，养成完善人格，增强社会适应能力 2. 养成健康的饮食习惯、合理的生活方式，做自己的健康责任人 3. 了解天人合一、动态平衡、普遍联系等思想。形成敬畏自然和保护自然的道德情怀 4. 了解中医心性修养的特点及其与人生道德和性格完善的内在联系，领悟"善养生者必先养其内"的真谛	《老年心理调适》《茶与大健康时代》《艾灸——秋季养肺穴位与操作》
	守法诚信	1. 形成运用法治思维和法治方式维护自身权利、参与社会公共事务、化解矛盾纠纷的意识和能力 2. 弘扬社会主义核心价值观，做明礼诚信、遵纪守法的先行者；面对生活中的问题，理性分析，保持良好乐观的心态，不触碰法律，守住做人的底线，树立正确的价值取向 3. 关注公共卫生社会议题，积极参与健康相关事务的讨论，辨别迷信和伪科学，不造谣、不信谣、不传谣，形成科学的生命观和健康观，树立规则意识、法治观念和社会责任担当意识	《公共卫生与健康教育》《香品品鉴》《药品安全与健康》
	自由平等	1. 以儒家仁、义、礼、智、信、孝、悌的伦理道德来加强人性修养，胸怀宽广；减少个人私欲，养性修德，提高个人道德情操，树立远大理想 2. 珍爱生命，健全人格，自我管理，促进健康；增强人文底蕴，平等看待精神病患者、脑损伤患者和同性恋群体；重视精神文明，移风易俗，自觉践行健康文明的生活方式 3. 理解医务工作者的职业精神和职业规范；学习有责任担当的医务工作者在国家危难之时挺身而出的大家风范和身先士卒的牺牲精神	《老年家庭心理》《致敬医师》

续 表

一级目标	二级目标	具体内容与要求	举 例
公民人格	自强合作	1. 形成正确的自我认知和自我价值观念,理解自己的健康状况与生活质量和幸福感息息相关;提高自我健康管理和自我调节能力,更好地应对生活中的各种挑战和困难 2. 增强社会责任感和公民意识,了解自己的行为和健康状况对家庭、社会和国家产生的影响,从而在日常生活中更好地履行自己的社会责任 3. "一方有难、八方支援",领悟在灾难面前,中国人民表现出的团结互助、无私无畏、勇于奉献的精神;学习"医乃仁术"的行医境界,坚定理想信念 4. 学会团队协作和有效沟通;利用所学知识对身边的特殊群体给予更多关爱,爱民、爱健康,实践"和谐""友善"的社会主义核心价值观	《自我健康管理》《社会主义互助精神》

注:因课程类型较多,在此举例仅供参考,类似课程可自行推演。

三、课程思政教学策略

(一)聚焦课程定位,明确育人价值

社区教育健康教育系列课程的教师要明确课程定位和课程育人价值,以学习者健康素养的提升为目标,以全体社区居民为教育对象,采用合适的教学方法,运用恰当的教学手段,选取科学的教学内容,从政治认同和国家意识层面、品德修养和人格养成层面、课程内容和专业伦理层面,逐步落实课程思政。

(二)联系生活实际,选取典型案例

可采用案例式、探究式、翻转课堂等多样的教学方法,结合实际生活场景设置不同教学情境。围绕生活找案例,结合案例融思政。结合各类学习者生活经验,寻找案例,重组教学内容,融入思政元素,学习者更易接受、更易理解、更易引起共鸣。案例内容可以是典型人物、科学进展、重大事件和时政热点等。

(三)重视实践体验,优化思政方式

除传统的讲授法以外,教师应重视增加实操环节,通过心理实验、膳食调查、保健按摩、中医研学、香牌制作等实践体验活动,把感性知识与理性认识结合起来,增强学习者的探究意识和能力。在实践体验中,引导学习者积极参与,加强合作,学以致用,培养吃苦耐劳、勇于创新的品质。

(四)强化课堂主渠道,关注课程生成

教师应立足课堂主渠道,积极营造互动的育人氛围。教师应根据教学内容和学习者的心理特点,合理创设与之相适应的问题情境来调动学习者的学习情感。教学过程中,教师应灵活运用人体模型、食物模型、中药材和香材等,循循善诱,避免单纯说教,关注并充分利用知识的生成,把专业知识和学习者关心的问题相结合,开展课上课后研讨激发自主学习活力,润物无声地落实课程思政。鼓励学习者大胆质疑,培养批判性思维能力。

(五)加强协同作用,统筹思政资源

健康与每个人息息相关,教师要以国际消费者权益日、世界防治糖尿病日、中国医师节等为契机,有意识地将课程思政融入学习者日常生活中。社区教育健康教育系列课程本身也蕴含着丰富的思政资源,教师需要将每个人的人力资源、课程资源和社区资源三者有效整合,拓展教学载体,利用社区资源,围绕健康教育系列课程的课程思政育人目标整体设计,反复强化,形成丰富、多元的课程思政合力。

(六)完善评价方式,提升思政实效

以思政目标为标准开展评价,建议采用教师评价、学习者自评和同伴互评相结合的多元评价方式,以调动学习者的学习积极性和自主性,立足学科特性,持续优化评价方式,提升思政实效。

四、课程思政教学保障措施

(一)组织保障:加强顶层设计,保障课程思政持续深入推进

"健康中国"已上升为国家战略,健康教育意义重大,健康教育系列课程蕴含的思政元素更加鲜明。课程思政是立德树人的根本遵循,关乎学校教育教学改革方向,需要持之以恒、久久为功,必须强化和完善顶层设计,保障课程思政持续深入推进。区教育行政部门要从实际出发,制定课程思政工作方案;区社区学院

应整合教育、医院和社区相关部门的力量,进行健康教育课程思政的研究和实践;街镇社区学校要建立校长(或分管副校长)负责制,把健康教育课程思政作为课程改革中不可或缺的系列课程,确保课时,保证质量,为教师提供专业成长平台。要开展健康教育课程思政研究,针对不同人群特点,形成具有学科特色和区域特色的实践成果,并及时总结和推广先进经验。

(二) 资源保障:加强软件建设,用好社区资源

各校要多方面地整合、开发和利用校内外丰富的健康教育资源,加强健康教育软件建设,组织教师团队积极开发图文资料、教学课件、音像制品等教学资源;搭建平台,利用网络、影视、博物馆、图书馆、社区卫生服务中心、社会学习点、养教结合点、居村委学习点和体验基地等社区资源,因地制宜地开展社区健康教育,丰富健康教育课程思政的内容和手段。学校和教师要提高对媒体的关注度,防止不利于身心健康的文化产品对学习者产生不良影响。

(三) 队伍保障:加强培训和交流,提高教师课程思政能力

课程思政是个新事物,没有现成经验可以照抄照搬。因此,教师课程思政能力的提升,需要在实践中边探索、边总结、边提升。需要统一认识加强课程思政宏观方面的培训,这是教育理念上的认识。教师只有认可了、接受了,才有可能传输给学习者。因此,提升教师认识是落实课程思政的第一步。与此同时,加强健康教育任课教师自身健康素养、人文素养、生命伦理和教育心理的培训;对心理辅导教师要加强生命教育和生命伦理培训;对班级辅导员要加强心理辅导专业技能和家庭教育指导的培训。此外,因为每门课有共同的本质属性,但更有其独特内在学科属性、校情属性和学情属性,加强社区教育各个系列、各门课程之间的交流与讨论,同一课程系列之间的深度教研也是有必要的。健康教育课程面对的对象更加关照个体健康状况,需要任课教师们集体研讨,深挖合适的载体项目,从而使思政元素有形可依、有物可感、更接地气。

(四) 服务保障:依托专业机构,提高课程思政质量

学校要充分依托医院、计生委、卫生保健所、心理咨询机构等社会专业机构的力量,为广大学习者提供健康讲座、心理辅导、家庭教育咨询等专业支持,邀请健康教育专业人士一起参与到社区健康教育课程思政的建设中,挖掘思政元素,

将其有机融入课程,实现知识传授、能力培养和价值塑造的"三位一体",提高社区教育健康教育系列课程思政的质量。

案例 膳食与营养——蛋白质

一、案例基本信息

本案例是上海市松江区老年大学《膳食与营养》课程中的一节营养基础理论课。面向老年学习者,属于社区教育健康教育系列课程。本节课以案例为载体,通过公共食品安全事件导入,把思想政治教育有机融入专业课程教学过程,总结凝练出"社会责任""科学精神""辩证思维""消费观和价值观"等多个方面的思政教育模块。

二、案例课程思政价值描述

1. 了解蛋白质缺乏和过量的危害,能够辩证地理解营养素摄入量和度的问题,基本形成科学的健康观念。

2. 能够从营养学角度理解"大头娃娃"事件和"三鹿"奶粉事件成因,关注公共食品安全事件,增强食品安全意识,积极参与健康相关事务的讨论,树立规则意识、法治观念和社会责任担当意识。

3. 摒弃"食物相克"观念,增强辨别迷信和伪科学的能力,提升健康素养。领悟营养学家淡泊名利、潜心研究的奉献精神和集智攻关、团结协作的协同精神。

4. 掌握蛋白质互补作用,正视自身的优缺点,取长补短,明白团队合作的重要性。

5. 观看记者调查视频,了解胶原蛋白和蛋白粉知识,不盲目跟风,增强独立思考能力和探究精神。坚持实事求是原则,纠正不恰当的审美观,树立正确的消费观和价值观。

三、案例正文

教学片段一:回顾"大头娃娃"事件始末,引出蛋白质缺乏的危害。(出示材料:翻开阜阳市人民医院2003年以来的《住院登记簿》,上面用刺目的红笔记下了一个个死于"重度营养不良综合征"的婴儿……)

设计说明： 以直观数据和令人痛心的照片，带领学习者回顾"大头娃娃"这一公共食品安全事件，体会食品安全问题给我国人民带来的灾难。"开门见山"直面食品安全问题，进一步分析原因，揭示蛋白质作为生命物质基础的重要性。引导学习者关心食品安全，增强社会责任意识。

教学片段二： 教师介绍我国生物化学家郑集及其团队"以身试险"的实验经历，讲解相关科学知识，破除"食物相克"谣言。（出示材料：1935年我国生物化学家郑集曾经搜集184对"相克"的食物，从中选出14对在日常生活中比较容易遇到的组合，用老鼠、狗和猴子做实验。他本人和一名同事也试验了其中的7种组合。在食用24小时内观察实验动物和人的表情、行为、体温及粪便颜色与次数等，都很正常，没有中毒迹象。)

设计说明： 分享我国营养学家的案例，帮助老年学习者树立崇尚科学的理念，增强其辨别迷信和伪科学的能力，帮助其领悟营养学家淡泊名利、潜心研究的奉献精神和集智攻关、团结协作的协同精神。

上海市松江区社区学院　伊伶

培育社会主义核心价值观
提升社区居民实用技能

——社区教育实用技能系列课程思政教学参考

一、课程定位与育人价值

【课程定位】

社区教育实用技能系列课程以全体社区居民为对象,以多样化的实用技能实践教学活动为载体,以技能型知识的习得、转化和应用为关键,强调学习者在教学过程中的身心参与,提高学习者在学习、工作和生活等领域的感受能力、思考水平和劳动能力。

社区教育实用技能系列课程主要包括生活技能类、思维训练类、投资理财类、信息技术类、养殖技术类、语言学习类、栽培技术类和中西烹饪类。在课程的目标、内容、实施、评价等方面,社区教育实用技能系列课程具有实践性、实用性、科学性、专业性、创造性、多样性和综合性等显著特点。

【育人价值】

社区教育实用技能系列课程以立德树人为根本任务,以学习者发展为本,帮助学习者在掌握劳动知识和技能的同时,树立正确的劳动生活观,正确理解人、技术与社会之间的关系,形成适应个人终身发展和社会发展需要的价值观、必备品格和关键能力。学习者在广泛地接触、了解和比较中外实际的过程中,体会中国共产党领导下我国所取得的发展与成就,做到讲好中国故事、增强家国情怀、坚定文化自信、提升国际视野。社区教育实用技能系列课程提升学习者批判性思维,理性分析和学会应对现代社会的机遇和挑战;增强学习者责任感和意志力,履行个人责任与义务,形成良好劳动习惯与品质；使学习者在参与各项实践创新活动中能够安全、合法、合理地运用相关技术。

二、课程思政的目标与内容

课程思政视域下的社区教育实用技能系列课程应立足课程与学科特性，建设形成实用技能类课程与思政课程同向同行、多方协同的全员、全程、全方位育人格局。

以"政治认同""国家意识""文化自信"和"公民人格"为重点，参考《上海市中小学劳动技术学科德育教学指导意见》《上海市中小学信息科技学科德育教学指导意见》和《上海市中小学英语学科德育教学指导意见》，以社区教育实用技能系列课程教学实践为主体，总结归纳该系列课程思政关键的目标与内容如下，供教师参考。

政治认同：以习近平新时代中国特色社会主义思想为课程指导思想，坚持党的领导，感受中国共产党领导取得的科技劳动成果，认识到党的领导和各项方针政策在各类实用技能事业发展中发挥的重要作用。

国家意识：了解我国实用技能领域的实践现状，形成强烈的民族认同感、归属感和自豪感。了解本地区、本民族和其他地区、其他民族的劳动习惯、价值观念、经验技艺和生活方式等，树立多元文化意识。

文化自信：感悟实用技能行业的革命传统和时代精神。了解我国传统劳动技术行业变革历史，体会其中蕴含的中华优秀传统文化精髓，传承并发展优秀文化，谱写中国故事。了解中国科学家和技术能手在科技领域的国际贡献，增强文化自信。

公民人格：依托课程实践，提升个人自信心和责任感，增强尽心尽责、吃苦耐劳的劳动品质。开展科学守法的实践行动，遵守相关法律法规，学习并利用常用科技标准，信守职业道德与伦理准则，自觉维护实践活动中自身和他人的合法权益。能够较好适应相关学习和实践环境，提高自主学习成效，乐于沟通、共享、合作与协商，提升合作解决问题能力。

结合社区教育实用技能系列八类课程实践的显著特点，围绕政治认同、国家意识、文化自信和公民人格，本教学参考提出课程思政目标与内容要求，具体如下，供教师参考。

一级目标	二级目标	具体内容与要求	举 例
政治认同	党的领导	1. 坚持以习近平新时代中国特色社会主义思想为指导，以实现中华民族伟大复兴为目标 2. 了解党领导下我国科技发展、经济变迁的历史，认同党的领导 3. 明白党对我国各项科技事业的重视和方向性指导 4. 知道各级党委政府部门对信息技术的组织和指导 5. 明白党的领导与国家发展的重要关系、对个人命运的深刻影响	《智能手机应用——智能家居初体验》 《蔬菜栽培——智慧农业助力蔬菜产业高质量发展》
	政治制度	1. 坚持中国共产党的领导是中国特色社会主义最本质的特征，党的领导制度具有统领地位 2. 了解我国政治制度在协调不同文化、不同行业发展中所呈现的智慧 3. 知道政治制度对经济发展的影响、对相关行业的影响 4. 认同并践行我国为相关行业制定的相关法规、标准、规范	《林木栽培——林业行业标准规范简介》
	科学理论	1. 以习近平新时代中国特色社会主义思想为指导，在学习和实践活动中运用马克思主义世界观与方法论 2. 学习党和政府在科技、信息、金融、外交等领域治理活动中的策略机制	《中草药种植——种质资源保护与利用》
	发展道路	1. 了解我国技术、金融、语言等发展应用历史 2. 知道信息科技等在促进社会进步、国家发展、人民生活中的重要性和积极作用 3. 进行中外不同领域技术工具、方法策略等发展路径的对比	《智能手机的使用——支付宝运用》 《摄影与照片后期处理——AI再现历史记忆》

续 表

一级目标	二级目标	具体内容与要求	举 例
国家意识	国家利益	1. 坚持总体国家安全观,高度重视金融安全对国家安全的重要性 2. 认识到国家金融制度的合理性和科学性 3. 学习科技保护国家安全案例 4. 学习技术发展和思想引领促进国家统一思想与行动的案例	《生活中的金融知识——"互联网+"的使用》
	国情观念	1. 明确科技、农林畜牧、金融、家政等行业在我国经济发展中的地位与作用 2. 认识到我国信息技术环境在促进社会发展中的重要作用 3. 知道农林业发展与可持续发展、环保行动、"两山"理论,践行人与自然和谐共生理念	《果树栽培和"两山"理论》
	民族团结	1. 认识民族政策的现实性和合理性 2. 关心多民族的语言特点和民族发展理论 3. 保护和宣传中国烹饪文化艺术,能够鉴别、抵制相关虚假宣传信息 4. 在信息网络平台上识别、屏蔽、举报有损民族团结的信息	《家庭烹饪——传统节日美食制作与品鉴》
	国际视野	1. 在语言学习中达成共识 2. 用所学语言讲述中国故事,如新中国的历史 3. 意识到我国在国际科学技术发展中的突出贡献与作用 4. 在语言学习中促进多元文化的交流和融合 5. 与不同国家的文化技术和平交互、共同发展	《对外汉语——AI智能语音转写听翻》
文化自信	国家语言	1. 认识到本国语言的文化内涵 2. 在思维训练中体会国家语言的应用场景 3. 了解地方语言与生活特点 4. 增强本土语言应用能力	《学说上海话——健康生活》

续 表

一级目标	二级目标	具体内容与要求	举 例
文化自信	历史文化	1. 了解不同国家工具(语言、器材、制度办法等)蕴含的文化特色 2. 传承中华优秀传统文化 3. 学习各行各业优秀工作者所具有的奋斗精神 4. 分析各行各业所走出的社会主义发展道路与中华优秀传统文化的关系	《珠心算——珠算的起源、发展及珠算历史之最》
文化自信	革命传统	1. 了解行业内颠覆性的创新事件 2. 学习历史典型人物的积极作风 3. 学习为国捐躯、为事业献身等革命精神	《永不褪色的"老来青"》 《蔬菜栽培——我国蔬菜种质资源库建设与应用》
文化自信	时代精神	1. 感悟当代科技专家在时代变革中的创新精神 2. 了解我国相关科技改革创新的历史和过程 3. 学习卓越科技工作者的案例 4. 感受刻苦求真、精益求精的工匠精神	《计算机应用前沿——我国仿生机器狗建设发展》
公民人格	健康身心	1. 感悟生命美好,深刻体会劳动对健康身心的积极作用 2. 增强网络安全意识与能力,培养安全操作能力 3. 勇于在实践中突破自己 4. 在思考和参与各类生活实践中感受生命价值	《家居整理与收纳——轻生活体验》 《智能手机应用——网上预约挂号》
公民人格	守法诚信	1. 遵守网络使用规范,尊重他人劳动成果,遵守知识产权等相关法律法规 2. 在生活、工作、社会实践中履行自己的义务,行使自身的权利 3. 在理财投资中遵守法律 4. 尊重、维护自身和他人的合法权益	《慧眼辨真伪——消费信用与诈骗防范》

续 表

一级目标	二级目标	具体内容与要求	举例
公民人格	自由平等	1. 爱国、敬业、诚信、友善 2. 感悟发明创造、技术创新、思维变革影响社会发展 3. 愿意积极为家庭作贡献 4. 在科技创新、理财等劳动实践中遵守职业道德	《智能家电使用——厨房电器》
	自强合作	1. 愿意亲自劳动并获得劳动成果，提升自尊自信 2. 乐意掌握生活技能，能够照顾自己的生活起居 3. 对自己的事业富有激情和憧憬，自强向上 4. 愿意为所在班级和社区出谋划策 5. 实践中形成积极向上、合作与包容等品质	《金融知识普及——个人生涯理财规划》

注：因课程类型较多，在此举例仅供参考，类似课程可自行推演。

三、课程思政教学策略

（一）营造学习情境，重视身心参与

社区教育实用技能系列课程所教授的知识主要为技能型知识，这种类型知识的获取不能仅仅依靠学习者大脑的参与，还需要调动学习者身心一体地参与和行动，这种行动和实践参与要求教师为学习者创造适宜的学习情境。通过将现实生活中的真实场景和事件进行归纳总结，抓取关键要素，构建典型化模型。因而，教师在教学中要重视学习者身体的各种感觉器官与情境化学习环境的交互。

（二）扩充课程内容，丰富教学资源

教师要结合课程领域古今重大事件优化课程内容，挖掘相关人物和故事，梳理时间线、大事记，围绕关键事件和重要人物建设专门教室，打造展示区和活动体验区，在潜移默化和活动体验中感受前辈百折不挠、改革创新的时代精神。将学习者的活动照片和优秀作品作为展示内容，提高学习者学习的积极性、自信心和成就感。另外,充分利用校外场馆资源也十分有必要,建议组织学习者以小组为单位进行实地考察和学习,创设相应的情境实施沉浸式教学。

(三) 优化教学方式,增强德育体验

学习者体验是课程教学中思政元素感知的重要落脚点。真实、细腻、深度的体验蕴含着对事物的情感和意义感知。只有通过亲身经历而形成的对事物独特的、具有个体意义的感受、情感和领悟才是体验。教师要关注学习者的体验,唤起、增强与课程内容相关的体验;要精选实际应用案例,激发学习者学习兴趣,增强学习者的直观体验;利用智能穿戴设备,实现身临其境,更真实地感受案例涉及问题与冲突;要鼓励学习者开展自主学习、协同合作、知识分享与创新创造,在问题解决的过程中培养思维能力,提升协同合作能力和实践动手能力。

四、课程思政教学保障措施

(一) 加强资源建设,夯实教学基石

丰富的教育教学资源是落实社区教育实用技能系列课程思政教学的重要基石。学校要重视实用技能系列课程教学资源的建设与管理,每学期末对相关教学资源进行调研和汇编,总结教师开展实用技能教学所必需的设施设备、工具和器材,收集积累优秀课堂教学资源,包括教案、教学多媒体资源、课堂实录视频等,形成思政主题课程教学资源库。

(二) 强化专业培训,提升教师能力

专业师资队伍是落实社区教育实用技能系列课程思政的关键,根据不同类型教学内容组织开展专题培训,提升教师课程思政教学意识和实践操作能力。将实用技能课程思政纳入日常教研及教师培训计划,通过区镇联合教研活动,统一认识,明确实用技能课程思政行动,辐射优秀经验和做法,增强全体教师的育德意识与能力。组织教师共同开发教育项目,围绕教学内容开展相关实验项目的设计与制作,提升教师专业教学育德能力。

(三) 增进教师交流,营造良好氛围

利用网络、社交平台等信息化手段,为教师搭建课程思政研讨、交流平台,组织开展日常性的课堂教研活动和跨校际学术交流活动,共同学习课程思政相关

政策与文件,分析优秀课程思政案例,组织开展课程思政研究与课堂教学研讨,形成浓厚的教研氛围。提升教师思政意识和课程思政技能,努力探索实用技能学科的育人特点和规律,更好地发挥学科育人优势。

案例　家庭蔬菜种植——认识番茄

一、案例基本信息

《认识番茄》是《家庭蔬菜种植》中的一节基础理论课,隶属社区教育实用技能系列课程中蔬菜栽培类课程。教学对象是中老年学习者。本节课是学习者学习番茄种植技巧的前提和基础,通过实物展示、视频演示、师生问答等方式呈现番茄的营养价值和种植历史,分析番茄植物学特征,掌握番茄的根、茎和花的特点,掌握番茄的生长特点,明确番茄对温度、光照、水分、营养等生长发育条件的要求。

二、案例课程思政价值描述

1. 回忆食用番茄的场景与经验,增强生活技能应用的自我效能感。借由对番茄菜品的分析讨论,树立多元文化意识,增强对中国烹饪与饮食文化独特魅力的积极感受,认同人类命运共同体理念。

2. 通过新疆番茄案例,知晓番茄物种多样性,了解中国科学家和技术能手在番茄品种培育中作出的重要贡献,形成科学观念,增强产业发展信心。

3. 通过对番茄营养价值和食用方式的学习与讨论,增强对蔬菜营养价值与食用方式的科学认识,树立健康生活观念,帮助建立合理的家庭饮食结构。

三、案例正文

教学片段一: 教师提问学习者"日常食用的番茄加工品以及番茄菜肴有哪些"。学习者回答"番茄酱""番茄沙司""番茄炒蛋""意面""罗宋汤""番茄味火锅底料""沙拉""糖渍小番茄"等。教师结合学习者经验及实践给予积极评价,并引导学习者思考这些菜品中哪些是中国饮食文化催生的,结合学习者讨论,教师总结展示墨西哥、意大利和我国新疆、四川等不同国家和地区的番茄特色菜品。

设计说明: 教师以学习者生活中熟悉的番茄加工品和菜品为切入点进行课

堂导入,唤起学习者生活经验,强化生活技能应用的自我效能。通过对比不同地区番茄菜品,感受全球饮食文化交融成果,体会中国烹饪与饮食文化的独特魅力。

教学片段二:学习《新疆日报》《打开番茄属遗传资源领域研究宝库》报道,了解新疆番茄科研工作者的突出贡献,让学习者了解"我国已成为世界第一大番茄生产国,品种对番茄产业发展至关重要。近年来,借助多元化的育种技术,育种专家对野生番茄持续进行改良,培育出了各具特色的栽培番茄品种,使番茄的抗病性、产量、固形物含量等特性显著放大,满足了产业发展需求"。鼓励学习者尝试新疆番茄制品。

设计说明:通过走近新疆番茄,增强对优质农产品的认识,了解中国科学家和技术能手在番茄品种培育中的重要贡献,体会我国科研人员的使命担当,提升对科学研究重要性的认识,明确中国对世界的巨大贡献,增强文化自信和科技自信。

教学片段三:人们对番茄的热爱源于其酸甜可口的滋味,源于软糯多汁的口感,更源于其所拥有的营养价值。番茄富含胡萝卜素、番茄红素、维生素C和B族维生素,具有很强的抗氧化能力,既可作为蔬菜也可作为水果。引出"番茄生吃还是熟吃好""吃得越多越好吗"等问题。学习者讨论后教师进行总结归纳。

设计说明:通过对番茄营养价值的学习和对相关问题的讨论,提升科学素养,增强健康生活观念,更加科学全面地认识番茄的营养价值,树立正确的饮食观念,根据家庭成员身体状况选择合理的烹饪方式。

上海市松江区社区学院　王梦娟

思政引领　育人健体

——社区教育体育健身系列课程思政教学参考

一、课程定位与育人价值

【课程定位】

社区教育体育健身系列课程从终身教育理念出发,面向社区居民充分发挥体育锻炼作用,以传授运动健康知识和健康生活理念为手段,达到掌握科学锻炼方式方法、健康身心、提高居民生活质量的目标。落实立德树人根本任务,帮助学习者塑造正确的世界观、人生观、价值观、运动观,构建全员、全程、全方位体育育人大格局。

根据上海社区教育课程分类体系,目前社区教育体育健身系列课程可分为两类,包括拳操健身类和棋牌技艺类。课程植根于社区居民喜闻乐见的体育健身活动,以课程为载体,传授体育知识与技能,塑造科学运动价值观,等等。

【育人价值】

体育健身系列课程具有独特的学科育人价值。课程强调理论知识、技能学习、身体锻炼与人格健全的整合,以政治认同、家国情怀、道德修养、法治意识、文化素养为重点,融入体育文化、体育精神和体育道德等内容,加强民族精神教育和生命教育。引导学习者爱党、爱祖国、爱人民、爱生活、关注健康、珍爱生命。培养学习者自尊自信、遵规守纪、诚信尽责、互帮互助等良好品质,拓宽视野,增强学习者民族自信心和社会责任感。

体育健身系列课程强调学习者的身体练习与思维活动紧密结合,选择适宜的教学策略,科学安排运动负荷,有效传授体育健身的基本知识、技能和方法,提高学习者的身体健康水平和科学运动知识储备。关注学习者的学习态度、情感、行为的变化，引导学习者体验学习过程，认识和了解体育健身的价值，并延伸到课外、家庭和社区，培养学习者的自主健身能力，使学习者养成坚持体育锻炼和终身体育意识。

二、课程思政的目标与内容

社区教育体育健身系列课程思政建设要紧紧围绕坚定学习者理想信念，以爱党、爱国、爱社会主义、爱人民、爱集体为主线，帮助教师认识学科德育目标，理解学科相关内容，掌握德育教学方法，以有效开展课程的德育工作为主要任务，系统进行中国特色社会主义和中国梦教育、社会主义核心价值观教育、法治教育、劳动教育、心理健康教育、中华优秀传统文化教育。

政治认同：了解在中国共产党领导下的我国体育事业发展历程，中国共产党领导我国发展体育事业的政治战略和伟大成就，熟悉我国体育管理体制的特征和发展方式，知道我国在新时代建设"体育强国"和"健康中国"的具体目标和重要意义。

国家意识：阅读国家领导人撰写的经典体育文章，感受伟人在体育锻炼中展现的革命精神，学习并践行中华体育精神。学习我国优秀运动员成长成才的励志故事，了解他们在国家赛场上为国争光的光荣事迹。了解我国参赛人员在国际赛场上维护国家利益的事迹，知道参加国际比赛对于提升国家威望和国际地位的重要性，体会我国运动员夺冠时的自豪与荣耀。

文化自信：知道我国常见的民族民间体育项目并积极学习，尊重民族民间体育中蕴含的地域特色和文化习俗，知道以武术为主的民族民间体育项目在展现国家文化自信中发挥的积极作用，积极主动地传承我国优秀的民族民间体育项目。

明确国际体育的主流发展趋势，了解多元体育文化和体育项目，观看国内外体育比赛，明白体育在国际交往中的价值与作用，尊重与欣赏世界多元体育文化，认同体育作为特殊语言在推动世界和平与发展中发挥的功能与作用。提升个人体育品位、感悟体育精神，在学习民族民间体育时感受专业术语中蕴含的中国传统文化元素。

公民人格：养成尊重同伴、尊重对手、尊重裁判的良好道德行为，知道基本体育规则。在日常生活中能够继续发扬自信乐观、文明友好、关爱他人的优秀品质。养成良好运动习惯和终身体育意识，积极参加体育健身活动。在体育健身学习和锻炼中养成不畏困难的积极生活态度，拥有健康体魄，提高生活质量。

表1 体育健身系列之拳操健身类课程思政目标

一级目标	二级目标	具体内容和要求	举例
政治认同	党的领导	了解中国共产党领导下我国体育事业发展历程；明确"体育强中国强"的意义	《太极拳之武学强国思想》
	政治制度	对我国体育事业的管理体系和相关制度进行了解	《门球的比赛规则》
	科学理论	知道我国在新时代建设"体育强国"和"健康中国"的具体目标和重要意义	《象棋之布局攻略》
	发展道路	学习奥运会的起源和发展历史；学习我国参加奥运会的曲折经历和重要成就	《中国优秀运动员视频》
国家意识	国家利益	观看国际体育赛事和讯息，明白国际体育竞赛、国际体育外交与国家利益维护、国际地位提升之间的关系	《武术国际比赛集锦》
	国情观念	了解赛事运作和体育经济的内容，关注体育产业对国家经济的推动	《太极拳赛事运作》
	民族团结	通过参与体育项目，建立团结友好的班级氛围，树立团队意识、民族意识、国家意识	《门球的基本战术及运用》
	国际视野	观看国际体育比赛，了解多元体育文化，维护和平友好氛围	《国际比赛》
文化自信	国家语言	能够掌握一定量体育专业术语并进行交流	《瑜伽梵文发音表》
	历史文化	积极学习我国优秀民族民间体育项目并为之感到自豪	《八段锦的成形与发展》
	革命传统	阅读我国优秀运动员成才的励志故事，学习其优秀的中华体育精神	各运动项目中中国运动员的故事
	时代精神	发扬优秀体育精神	《太极拳与德经》

续 表

一级目标	二级目标	具体内容和要求	举 例
公民人格	健康身心	通过体育项目锻炼,提高身体素质与生活质量	《瑜伽针对不同疾病的治疗性体式》
	守法诚信	体会"习武先习德"的内涵	《门球在中国的发展》
	自由平等	知道基本规则,学会尊重对手、同伴、裁判和家人	《八段锦功法之——质朴端庄》
	自强合作	通过项目学练敢于直面困难,与同伴友善团结	《团体比赛规则与训练要点》

表2 体育健身系列之棋牌技艺类课程思政目标

一级目标	二级目标	具体内容和要求	举 例
政治认同	党的领导	了解中国共产党领导我国发展体育事业的政治战略和伟大成就	《围棋的布局知识与技巧》
	政治制度	熟悉我国体育的历史、已有成就、管理体制机制	《象棋的基本知识》
	科学理论	了解国际重要体育赛事和主流体育项目的基本规则和发展趋势	《象棋的比赛规则与要点》
	发展道路	明白体育在国际交往中的价值和作用;向世界推广民族民间体育项目的目的和意义	《中国优秀运动员视频》
国家意识	国家利益	学习我国参赛人员在国际赛场上维护国家利益的坚定立场	《国际比赛集锦》
	国情观念	知道我国举办2008年夏季运动会和2022年冬季奥运会的意义	《围棋蕴含的事理知识》
	民族团结	广泛学习我国优秀的民族民间体育项目,尊重其中蕴含的地域文化和习俗	《象棋的地域文化》
	国际视野	认同体育作为特殊语言在推动世界和平与发展中发挥的功能与作用	《国际象棋比赛》

续　表

一级目标	二级目标	具体内容和要求	举　例
文化自信	国家语言	熟练运用体育运动的专业术语,阅读体育文学作品,感悟体育精神	《名局观战》
	历史文化	感受多元体育文化和体育运动,学习中国传统体育文化元素	《象棋历史》
	革命传统	理解并认同体育健儿领奖时升国旗、奏国歌的情感	各运动项目中中国运动员的故事
	时代精神	养成良好的体育锻炼习惯与终身体育意识	课外运动的参与
公民人格	健康身心	在运动中锻炼和学习不畏困难、团结协作和积极的生活态度	《象棋之残局破解》
	守法诚信	熟悉体育礼仪与比赛规则	《桥牌的牌手训练》
	自由平等	运动参与过程中平等地对待他人、尊重同伴与对手	《围棋的比赛规则》
	自强合作	自主学练时能够勇敢顽强、拼搏进取;合作学习时善于与同伴团结协作	《团体比赛规则与训练要点》

注:因课程科目较多,举例仅供参考,类似课程可自行推演

三、课程思政教学策略

（一）挖掘社区学科德育内涵,凸显健身育人价值

社区教育体育健身领域课程内容丰富,不同课程之间的德育内涵既有重合,又有其独特性。在挖掘课程德育内涵时,可结合学科核心素养取向,突出不同课程的特征,寻找其德育融合点,从而落实德育目标。可以从目标、内容、方法三个角度进行切入,融入社会主义核心价值观、中华优秀传统文化、爱国主义等德育内涵。

（二）拓展学科教学资源,发挥协同育人作用

以身体练习为主要手段的实践性学科特点决定了体育健身学科能够与多门

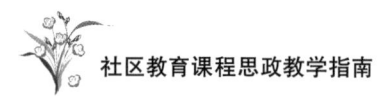

学科进行有效融合,且更有利于学科德育的交融。在教学过程中要挖掘学科德育交融点,积极开展跨学科学习活动,拓展学科教学资源,提高学习者学练兴趣,增强学练效果。教师需认真梳理学科教材,发现学科德育交叉点,培养学习者的合作探究、友好协作能力,提升社区居民生活品质。

(三)捕捉学练时机,生成社区健身育人资源

社区体育健身教学是一个动态开放的过程,各种突发事件时有发生。合理利用突发事件可以是一次难得的育人时机。在进行新知识导入时,可以对预设学练活动中可能出现的节点进行德育渗透。例如,在学习者学练过程中出现瓶颈时进行适时的鼓励与引导,消除学习者的畏惧心理,帮助学习者获得坚持不懈后取得成功的喜悦。

(四)合理安排运动负荷,体现科学健身价值

运动负荷是指运动时施加给人体的运动量和强度。运动负荷的安排需要从科学和育人两个教育目标出发。首先,运动负荷的安排需要符合社区教育学习者的身体发展阶段。在适宜的生理阶段内,运动负荷越大,机体的超量恢复效果就越明显。但过度负荷,则会危害健康。其次,运动负荷需要考虑社区学习者的心理发展阶段。社区教育学习者主要为成年人,日常生活和工作压力较大,在一定程度上心理压力的疏导和释放更需要引起重视。最后,课堂中运动负荷的安排,需关注到学习者之间的差异性。目标旨在培养学习者奋勇拼搏、坚持到底的体育精神和生活态度。

(五)聚焦学习需求,营造健康学习氛围

从学习者学习需求出发,运用课程专业知识,帮助学习者在体育情景活动中主动学练,为自身需求寻找解决路径。活动创设需贴近学习者的认知水平、生活经验、道德水平。围绕运动项目,引导学习者习得不畏艰难、认真思考、勇于创新、团结协作等德育内涵。

(六)设计知识导入问题,发挥学习者主观能动性

有效的知识导入问题需满足对教学知识点的串联和激发学习者学习兴趣两个方面。从学习者的认知水平和身体素质出发,将所学知识与德育内涵进行关联,使学习者对知识技能进行积极主动探究的同时,融入自学苦练、互帮互助、积

极进取的德育内涵。

（七）丰富教学方法，激发运动兴趣

科学有效的教学方法不仅有利于教学内容的开展，而且有利于学习目标的达成。教师需要充分考虑学习者学习兴趣、学习能力、学习水平等方面的差异，结合多种教学方法，分析教材德育的融合点。例如，在有进阶等级的运动健身项目中可适当地对部分有运动基础的学习者进行高等级知识导入，激发班级学练氛围，凸显吃苦耐劳、勇于拼搏的德育内涵。

（八）设置练习任务，培养进取精神

练习任务是根据学习目标和内容，有目的、有计划地制定相关练习活动。练习任务可以从课内和课外两个方面进行设置。课堂内的练习任务主要以实施教学任务，完成学习目标为主。教师可以通过改变练习环境、利用社区现有器械、多样化信号、游戏、竞赛等帮助学习者完成学练；课外练习任务主要以学习者将课中学习的知识运用到日常锻炼中的形式为主，社区教育教师可以更多利用课外学习机会。教师可以通过给予课外探索任务或课外作业的形式，对学习者进行引导。学习任务可培养学习者战胜困难的信心，以及摆脱恐惧、勇攀高峰的德育内涵。

（九）融合现代化信息技术，强化学科育人实效

从课程资源和教学手段出发，网罗多样化专业信息数据，帮助学习者对知识的理解与掌握。课程资源上可以开展慕课、微课、翻转课堂等新兴课程形式，将线上线下学习相结合，拓宽学科德育路径；教学手段上可以利用信息技术创设情境、演示动作、评价交流等。帮助学习者抓住学习要点，快速建立正确动作概念，激发学习动力，增强信心。

四、课程思政教学保障措施

（一）给予政策引导，落实社区体育健身系列课程课程思政定位

思想政治教育是培养树立健康人生观和价值观的重要手段，社区教育思政课程更是与国家发展和社会稳定紧密相关。政府可在政策上对社区体育健身课程的思政方向进行引导、课程推进上给予政策支持、牵头组织多方力量参与,从而把控社区体育健身课程思政方向,实现终身教育整体思政建设。

（二）课程组织单位应重视硬件设施配置,改善体育健身课程条件

课程组织单位应从社区教育教学目标出发,立足终身教育、健康中国理念,加大对体育场地和设施的投入,改造并完善现有场地和器械,保证学科德育教学所需的硬件设施。

（三）社区学校重视团队专业素养,增强教科研领域能力

成立并推进学科中心组建设,帮助社区教师从专业角度出发,开展体育健身学科类教学活动;围绕"学科德育"开展教科研工作,分析各类教材的德育价值、德育内涵,进行科研上的突破。

（四）重视队伍内涵发展,提升教师执教水平

重视体育健身师资队伍建设,打造善于开展学科德育的教师团队。定期组织教师参与各类教学业务培训,加强思想理论学习,强化学科德育理论和技能,不断提高教师育德能力。

（五）建立课程管理和评价系统

完善的管理评价体系,不仅可以帮助学校和社区对课程进行整体把控,而且可以帮助教师从更高层面对自己的教学情况进行总结,从而促使更为优质的思政课堂的产生。社区教学单位和学校需在现有管理体系基础上进行完善。从教材、课程、课后反馈、社区教学成果展示等方面入手建立系统化管理和评价体系。教师应积极参与创新教育教学模式,提高体育健身教育的德育教学实效性。

（六）积极整合社会资源,共同推进社区体育健身系列课程的思政进程

体育健身有着极大的社会认可度,在社区体育健身课程思政推进过程中,授课单位和社区应共同对现有资源进行整合,利用互联网优势,动员社区力量参与到思政推进中。如优质体育健身课程的推广,可挑选优质的社区体育健身课程走进企业团建、工会、年会等,利用更多平台进行交流展示,从而带动更多社会力量参与到社区体育健身系列课程思政的建设中,共同营造良好思政氛围。

案例　健身操——基础体能开发

一、案例基本信息

本节课为基础体能课程,作为健身操课程的第一节课,主要面向首次参加健身操课程的学习者,旨在通过对学习者体能基本情况的调查了解、全身机能加强、体能开发三个部分,达到充分掌握学情,帮助学习者顺利过渡到健身操下一阶段的学习的目的。课中在机能加强和体能开发两个方面对学习者进行鼓励引导,帮助学习者快速进入学习状态,落实锐意进取、乐观向上的德育内涵。

二、案例课程思政价值描述

健身操是一项结合音乐与运动的体育项目,它对增强体魄、健美形体、培养健康自信的身心状态有积极作用。对于初次接触健身操学习的学习者来说,如何让身体更快地进入运动状态是十分重要的。

1. 教师在本节课教学过程中通过多样化的教学手段,引导学习者勇敢迈出第一步,帮助学习者克服恐惧心理,树立战胜困难的信心。

2. 树立榜样,帮助学习者建立积极正确的运动观。

3. 设置课后学习探索任务,帮助学习者将学习融入生活环境。

4. 学会遵守社会秩序,做到健康生活且运动不扰民的和谐状态,实现由个人到家庭再到社会的良性发展和生命价值升华。

三、案例正文

教学片段一:

教师利用视频图片导入主题"身体肌肉分布和各大肌群的功能"。学习者观看并参与讨论。教师总结并带领学习者进行学习(热身、全身动作,上肢与下肢运动)。

设计说明: 在进行动作学习过程中,学习者对于第一次接触的动作有不适应或畏惧的心理,教师可以通过降低动作难度、语言鼓励、分组合作等形式,帮助学习者学习。在学习者逐步适应的基础上,给予进阶动作,帮助学习者完成对新知识的学习。教师应积极鼓励陪伴,帮助学习者提升个人认知和运动品位、领悟体育精神,形成勇于挑战、追求卓越的美好品质。

教学片段二:

教师挑选动作完成度较好的学习者进行动作展示。先让其他学习者对于展示进行讨论,教师再作总结。教师带领全体学习者再次完成动作,并给予更高水平标准,要求学习者课后完成探索。

设计说明: 在示范展示的过程中,达到对学习者的积极引导,帮助学习者养成积极自信的学习态度;给予课后练习要求,帮助学习者将课中的学习融入平时的生活锻炼中,既有助于学习者良好学习习惯的养成,又有利于促使学习者明确刻苦学练、行为自律、积极进取的德育内涵。

上海市松江区社区学院　李瑾

崇善崇德　共创美好生活

——社区教育社会科学系列课程思政教学参考

一、课程定位与育人价值

【课程定位】

社区教育社会科学系列课程以全体社区居民为教育对象，以多样化的教学活动为形式，以社区居民的生活为基础，以社会生活常识为载体，以培养社区居民的安全素养、法治素养、生态环境素养、家庭教育素养、科学与技术素养为宗旨，注重价值导向，重视人文关怀。该系列课程旨在普及社会科学知识，提升社会科学技能，培育社会科学素养，共建和谐社会，共创美好生活。

根据《上海社区教育课程指导性大纲（新编）》，目前社区教育社会科学系列课程可分为五类，包括安全教育类、法治教育类、环保教育类、家庭教育类、科普教育类，具有生活化、生命化、生态化等特点。

【育人价值】

社区教育社会科学系列课程以习近平新时代中国特色社会主义思想为引领，坚持立德树人的根本任务，在课程教学中坚持以马克思主义为指导，塑造新时代民族精神，帮助学习者了解国家战略、相关政策和法律法规，引导学习者深入社会实践，关注现实问题，铸牢中华民族共同体意识和家国情怀，培养良好社会公德、家庭美德和个人品德，培养科学探究精神和创新意识，培养安全意识和能力，培育学习者经世济民、诚信服务、德法兼修的素养。在课程教学中加强生态文明教育，引领学习者树立和践行绿水青山就是金山银山的理念。

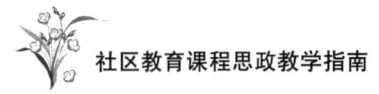

二、课程思政的目标与内容

课程思政视域下的社区教育社会科学系列课程应立足课程的学科特性,注意形成社会科学系列课程与思政课程同向同行、多方协同的全员、全程、全方位育人格局。

参照《高等学校课程思政建设指导纲要》(教高〔2020〕3号),结合社区教育社会科学系列课程教学实践,现列举课程思政目标如下。

政治认同: 以爱党、爱国、爱社会主义、爱人民、爱集体为主线,弘扬社会主义法治精神和社会主义法治文化,感受中国特色社会主义制度的优越性,践行社会主义核心价值观,学习马克思主义,深刻领会习近平新时代中国特色社会主义思想的世界观和方法论。

国家意识: 弘扬爱国主义精神,拥护国家统一,维护国家安全,传承和平基因,尊重多元文化,拥有国际视野,深化国际理解。崇军拥军,心系祖国。正确认识人与自然、社会之间的关系,加强环保意识,关注生态环境,提升生态素养,热爱自然,保护生物多样性。

文化自信: 学习历史文化,传承中华优秀传统文化,增强文化自信。铭记革命传统,赓续革命精神。自觉传承和弘扬革命精神,培育和弘扬新时代中国精神,坚持开拓创新,关注生产生活等社会问题,学以致用,学用相长,实现中华民族伟大复兴。

公民人格: 重视生命健康,维护生命安全,亲历生命成长,感悟生命美好。提高法治素养,依法行使权利和履行义务,遵守规则意识,守护公平正义。厚植家国情怀,维护社会公德,弘扬家庭美德,恪守职业道德。树立自尊自信的心态,强化自立自强意识,团结友善,包容合作。

《上海社区教育课程指导性大纲》规定,社区教育社会科学系列课程分五类,即安全教育类、法治教育类、环保教育类、家庭教育类、科普教育类。现围绕政治认同、国家意识、文化自信、公民人格四个维度,立足课程思政目标,针对五类课程,设定课程思政具体内容及要求如下,供教师参考。

崇善崇德 共创美好生活

一级目标	二级目标	具体内容与要求	举例
政治认同	党的领导	1. 热爱和拥护中国共产党的领导,感悟中国特色社会主义制度的优越性,增强国家意识,践行社会主义核心价值观 2. 了解中国共产党的奋斗历史、光荣传统和光辉业绩,认同党的性质和宗旨,自觉增强"坚持党的领导"的观念 3. 学习并自觉拥护党的路线、方针和政策,深入学习习近平新时代中国特色社会主义思想 4. 在言行上与中国共产党保持高度一致	《党领导法治建设的百年征程与经验》 《坚持党对国家安全工作的绝对领导》
	政治制度	1. 认同社会主义的根本政治制度,坚定走中国特色社会主义政治发展道路的信念,认同公民有序参与政治,依法行使权利,自觉履行义务,增强国家观念和国际意识 2. 学习人民代表大会制度、政党制度、基层民主制度等中国特色社会主义政治制度,了解这些制度的内涵、地位和作用 3. 养成良好的思想政治道德,在学习和实践中培养家国情怀,感受中国特色社会主义制度的优越性,增进对党和国家的热爱,践行社会主义核心价值观 4. 树立正确的消费观、劳动观,崇尚诚信,树立依法纳税的观念,认同社会主义经济制度,尊重市场规则,爱护环境资源 5. 增强贯彻落实"五位一体"总体布局和"四个全面"战略布局的自觉性和主动性,坚定文化自信,关注民生问题,树立美丽中国,共建共享的理念	《法治教育进社区 护航少年助成长》 《家国情怀:从党的奋斗历史中汲取力量》
	科学理论	1. 学会用普遍联系的、发展的、全面的观点看待问题,体会和谐的人际关系是人生发展的重要条件,正确对待人生发展中的顺境与逆境 2. 掌握实践与认识相统一、通过现象看本质等辩证唯物主义认识论的基本观点和科学思维方法,勇于实践,明辨是非,增强创新意识,积极体验成功 3. 关注人类生存发展中的全球性问题,感受科学技术与社会的联系,了解我国取得的科技成就,体会科技进步对于中华民族伟大复兴的重要意义	家庭教育系列讲座之《拥抱科学创新成长》 《深耕垃圾分类,推动可持续的绿色发展》

续 表

一级目标	二级目标	具体内容与要求	举 例
政治认同	科学理论	4. 了解中国特色社会主义理论体系的主要内容，理解习近平新时代中国特色社会主义思想是马克思主义中国化的最新理论成果 5. 经常参加讲座等活动，提升科学理论素养，不断增强理论自信，自觉用科学理论指导生活实践	
	发展道路	1. 关注和了解我国科学技术发展的历程和重大成就，体会科技人员不畏艰辛、改革创新的精神，感悟国家事业的发展与科学技术进步间相互促进的关系 2. 知道中国特色社会主义道路的主要内涵，理解中国特色社会主义道路是国家富强、民族复兴和人民幸福的必由之路 3. 加深对新中国成立，特别是改革开放以来，中国道路的发展过程和规律的认识 4. 坚定道路自信，拥护中国道路，自觉为中国道路的发展贡献才智	《保护生态环境 坚持持续发展道路》 《探索科学之路：我国科学技术发展之路》
国家意识	国家利益	1. 具有国家观念，国家主权和领土意识，增强维护民族团结和国家统一的意识 2. 加深对国家统一重要性的认识，面对不利于国家统一的言论和行为能主动抵制 3. 了解并掌握国家版图、中国外交以及国家主权等相关知识，能运用这些知识识别社会事务和社会现象的正误 4. 关心国家利益、国家主权完整等相关事件或新闻报道，能坚定地与祖国同心同行，保持正确坚定的立场 5. 增强国家认同和身份意识，能自觉捍卫国家主权、尊严和利益，理解个人发展与国运、时运的联系	《牢固树立和践行总体国家安全观 谱写新时代国家安全新篇章》 《坚决维护国家主权和领土完整 努力实现祖国完全统一》
	国情观念	1. 热爱自然，关注生态，体会在人与自然的协调发展下，建设美丽中国与加强生态文明建设的重要意义 2. 维护军事安全，不断提升国家安全保障能力，为国家长治久安和中华民族伟大复兴提供强有力支撑	家庭教育系列讲座之"在家国情怀中绽放青春梦想" 《树立环保意识 共建美丽中国》

续 表

一级目标	二级目标	具体内容与要求	举 例
国家意识	国情观念	3. 学习中国特色社会主义理论体系的主要内容,客观理性地认识到我国发展的优势与不足,树立忧患意识、责任意识 4. 了解中国在政治、经济、军事、自然环境、民族关系、疆域范围等方面的历史演进与现状	
	民族团结	1. 了解我国社会主义新型的民族关系和处理民族关系的原则、制度 2. 铸牢中华民族共同体意识,履行维护民族团结、促进民族共荣的义务	《促进民族团结进步 铸牢中华民族共同体意识》
	国际视野	1. 尊重不同国家和民族的文化差异,热爱和平,初步具有开放的国际视野 2. 树立整体全局意识,厚植家国情怀及天下情怀,关心人类环境共同体,关心人类命运共同体,关注全球科技进步和科技创新 3. 具有全球意识和开放的心态,了解人类文明进程和世界发展动态 4. 学习和理解我国的外交政策,认同我国在共同构建人类命运共同体方面的努力和成就,关注人类面临的全球性挑战,理解人类命运共同体的内涵与价值,了解"一带一路"倡议的基本内涵和重要意义	《走进G60科创走廊:国际视野引领区域创新发展》
文化自信	国家语言	1. 在文化学习和语言交流过程中,感受蕴含其中的历史文化内涵,激发民族自豪感,坚定文化自觉和文化自信 2. 学习与国内外先进的科学技术相关的语言材料,树立科技强国的意识,增强国家认同感 3. 在语言交际过程中养成自信、自强的人格和文明礼貌的习惯,乐于沟通,善于合作	家庭教育系列讲座之"家庭教育'应知应会'"宣传语
	历史文化	1. 认同优秀文化,汲取文化智慧,增强文化自信 2. 传承中华优秀传统文化,发扬社会主义先进文化,增强民族自豪感和文化自信,提升家国情怀	《家风无声 传承有道》

续 表

一级目标	二级目标	具体内容与要求	举 例
文化自信	革命传统	1. 理解中国共产党领导各族人民在革命战争年代形成的红船精神、井冈山精神、长征精神、延安精神、红岩精神、西柏坡精神等,深入了解中国共产党开展武装斗争和探索革命道路的艰辛与毅力 2. 崇尚中国共产党在社会主义建设实践中形成的大庆精神、雷锋精神等,感受仁人志士的高尚情操与道德品质,赞赏全心全意为人民服务的行为,形成实事求是的科学态度	《听爷爷奶奶讲红船精神》 《红色文化》
	时代精神	1. 珍爱生命,热爱生活,积极参加社会公益活动,逐步形成自尊、自爱、自律、乐观向上、勤劳朴素的生活态度 2. 学习以改革创新为核心的以人为本、和平发展、社会和谐、与时俱进的时代精神,全面了解我国的国情和改革开放以来社会发生的巨大变化,深刻理解改革创新是建设社会主义创新型国家的迫切需要 3. 认同在中国共产党的领导下,在改革开放时期所形成的时代精神,都是中华民族伟大精神的丰富和发展。深入学习和理解抗震救灾精神、抗疫精神、航天精神、工匠精神等时代精神 4. 学习为国家富强、民族兴盛而奋斗的优秀人物锐意进取的精神和奋勇争先的良好品质,树立尊重实践和求真务实的科学态度,自觉发扬勇于探索的创新精神 5. 参与科技创新活动,开展研究性学习,尝试进行创造发明,力争成为具有创新精神和实践能力的符合时代要求的新时代人才	《重温历史学精神 安全教育常在心》 《诵红色家书 颂时代精神 塑良好家风》
公民人格	健康身心	1. 拥有健康的体魄、坚强的意志、良好的审美情趣和积极的心理品质,珍爱生命,热爱生活,积极参加社会公益活动,逐步形成自尊、自爱、自律、乐观向上、勤劳朴素的态度,培养正确的营养与健康观念,养成健康科学的生活方式 2. 增强健康安全意识,提升健康安全素养	《身心健康:让孩子在爱与自由中茁壮成长》 《学家庭教育 做智慧家长》

续 表

一级目标	二级目标	具体内容与要求	举 例
公民人格	健康身心	3. 自觉将个人发展纳入社会发展之中,热爱劳动,积极奉献,树立正确的人生目标和人生理想 4. 尊重自己和他人,平等待人,真诚礼貌,追求高尚的人格,维护自身的文明形象	
	守法诚信	1. 通过法治主题学习、实践宣传等活动,树立法治意识,理解依法治国的必要性和重要意义 2. 对国家宪法和法律形成基本认知,并能运用法律维护自身与他人的合法权益 3. 遵守职业规范和操守,买卖交易中应讲诚信、守规矩、遵契约 4. 懂得公平正义的价值,树立公平正义观念,以实际行动追求公平和正义	《树立安全意识 谨防虚假诈骗》 《美好生活民法典相伴》
	自由平等	1. 感受自由都是法律之内的自由,体会法治规范自由又保障自由 2. 体悟法律面前人人平等的社会主义法治的基本原则,领会平等的真谛所在 3. 运用法律视角,认识自由和平等的真谛,珍视公民权利,培养责任意识	《网络安全教育进社区 居民防诈骗有门道》
	自强合作	1. 尊重个人发展与事物发展的客观规律,增强自信自强的意识,脚踏实地地走好人生路 2. 正确处理各种人际关系,善于沟通,提高应对挫折和冲突的能力,增强社会适应能力 3. 增强敬业爱岗精神和诚信公道、服务奉献等道德意识 4. 在团队协作与人际交往中,秉持尊重、平等的理念,自觉维护组织或团队的和谐稳定	《小小科学家:共同探索科学的无限奥秘》 《家庭教育中的亲子心理支持》

注:因课程类型较多,在此举例仅供参考,类似课程可自行推演。

三、课程思政教学策略

(一)明确思政内容目标,引领课程思政过程

课程思政教学遵循目标导向原则,在开展教学前,教师可以依据《社区教育

社会科学系列课程思政教学参考》和教材,明确课程思政内容目标,并将其有机地统一在总目标之中,以此引领社会科学系列课程思政的全过程。

首先,教师要制定适切的教学目标。按照课程思政要求,认真钻研教材,深入了解学习者,充分挖掘体现课程思政育人价值内涵的素材,明确教学内容背后的思想方法和价值导向,制定适切的教学目标。

其次,教师要明确课程思政具体内容与要求。结合具体教学内容,融合课程思政目标。一要贴近学习者生活实际。课程思政的实施应该是"润物细无声"的过程,不是生硬的说教和灌输,应当本着因材施教、教书育人的原则,针对不同年龄段社区居民的思想特点设计课程思政的教学目标。二要关心社会现实问题。通过对政治、经济、文化、生态等时政热点问题和资源、能源、环境、人口等全球问题的分析,引导学习者从全球范围和世界各国相互依存的角度去认识和把握世界现实,促进全球意识和国际视野的习得,逐步培养安全素养、法治素养、生态环境素养、家庭教育素养、科学与技术素养。

(二)内容选取关注生活,抓住课程思政契机

教学内容要以社区居民的实际社会生活经验为出发点,结合社区居民熟悉的环境与事物组织教学,以利于社区居民对课程思政内容与要求的理解与内化,树立正确的世界观、人生观、价值观。

第一,回望生活,挖掘意义。根据教学目标,唤起社区居民已有的生活经验,精选具有思政教育意义的生活事件,使教学内容成为激活社区居民"自我发展"的活性因子,并从社区居民的生活视角选取鲜活的信息,如国内外时事新闻、社会热点等,与教材内容恰当组合,体现课程思政理念。

第二,回归生活,知行合一。关注社区居民在实际生活当中遇到的问题,有针对性地加以选取、转化为解决思想上困惑和行为上不足的真实情境,关注学习者在对话、思辨、体验活动当中的真实感受,及时捕捉其中有价值的生成性教学资源,促进社区居民的可持续发展。

(三)学法指导融于活动,丰富学习者思政体验

指向终身学习的学法指导,强调学习者的主体性,培养学生自我计划、自我执行、自我监控、自我反思的能力,让学生愿学、能学、会学、学好。

第一,学习方法的指导,要注重全程性。包括学习活动开始前的准备指导、活动中的过程指导以及活动后的总结和反思指导。第二,学习方法的指导,要注重多元化。根据体验、探究等不同类型的学习活动,分类采用相应的学法指导,如组织探究类思辨活动时,教师应选好思辨点,营造民主平等的讨论氛围,鼓励学员大胆表达自己的想法,形成生生、师生之间观点的碰撞,教师在讨论过程当中适时呈现事实材料,促进学习者更为客观、全面、辩证地思考问题;同时,要关注学习者价值判断和行为选择能力的提升,培养其积极、健康的情感,正确的态度和价值取向的形成。第三,学习方法的指导,要注重差异性。关注学习者不同的认知方式和认知能力,并予以细致的指导,帮助学习者掌握适合自己实际的学习方法,进而将成功的学习经验加以总结。

(四)挖掘和活用课程资源,拓展课程思政空间

社区教育社会科学系列课程应以"贴近社区居民,贴近实际,贴近生活"为准则,充分关注利用各类教育资源。

对于人物资源,要注重典型性,所选择的人物应可信、可亲。要引导社区居民挖掘人物身上的闪光点,激发其敬佩之情,关注体现人物的品质的言行表现,引导社区居民站在榜样人物的立场上进行思考,充分发挥榜样示范作用,激发社区居民向高层次的知识技能水平发展。

对于数字资源,要注重安全性。精心打磨、优化组合,充分挖掘资源的课程思政内涵和育人价值,注重筛选和甄别信息的真实性、导向性,尤其是在网上下载或使用地图时,要注意科学规范。

对于环境资源,要注重适切性。就地取材、因地制宜,充分利用身边的各类环境资源,拓展育人时空。例如,可以组织社区居民参观安全科普教育基地,培养安全意识;参观爱国主义实践基地,激发爱国情怀;参观博物馆,提升文化自信;参观科普教育基地,提升科技素养,掌握必备技能;参与社区服务,提升社会责任感。

(五)实行多元评价活动,创新展示思政成果的方式方法

对社区居民的课程思政学习成果能否进行科学的评价,会直接影响到课程思政的教学质量。课程思政的评价与传统的评价方式应有所区别,在形式上要更多样化,重在展示社区居民课程思政实践的成果,并体现社区居民成长的过程。

第一,设计开放性任务,依据课程思政核心要求,布置以富有特色的表现性任务来反映社区居民学习后的真情实感,如表演话剧、小实验等易于社区居民表达成效的表现形式,外化学习者习得的状况,检测课程思政目标的达成与否。第二,开发表现性评价。通过追踪观察社区居民动态的学习表现,进行有针对性的评价,例如,对提出问题的能力、解决问题的能力、知识的理解和应用、科学态度等方面的评价。第三,积累社区居民的学习档案,例如,系统收集反映社区居民形成科学素养经历的学习成长记录册,进行形成性评价。

(六)结合社区教育活动,形成文化育人氛围

课程思政的主阵地是课堂,同时还应结合学校课程思政活动的内容向课堂外延伸,在学校形成文化育人的良好氛围。第一,课程思政与主题活动相结合。例如,举办"全民终身学习活动周"等活动引导社区居民关注社会科学有关的热点问题,尝试相关的实践活动,掌握社会科学知识,提升社会科学技能,培育社会科学素养。第二,课程思政与校、班会相结合。结合有计划、形式多样的主题班会,引导社区居民由他律到自律,课程思政由内化到外化,使社区居民拥有积极健康的情感体验和健全的人格。

四、课程思政教学保障措施

(一)加强组织领导

学校主管部门要把课程思政作为落实立德树人根本任务的重要途径,纳入学校发展规划和年度工作要点,加强指导和管理,有效整合资源,强化评估激励。学校要建立党组织主导、校领导负责、党团组织参与、多主体联动的工作机制,充分发挥党组织的政治核心作用,切实加强对课程思政的领导,把握正确方向,把课程思政纳入整体教育教学工作体系规划部署,推动课程思政落到实处,整合相关人员以及各方力量,形成课程思政合力。

(二)加强队伍建设

学校主管部门主持和指导学校选拔和培育课程思政队伍人员,建设专兼职相结合的课程思政工作队伍,优化课程思政队伍结构,调动工作积极性和创造性,推动构建全员、全过程、全方位的课程思政工作格局。

学校要整合教育专家、行业专家、社会人士等相关力量,系统规划课程思政内容,强化全员育人理念,充分调动全体教职工言传身教、教书育人的自觉性,以良好的思想政治素质和道德风范,影响教育学习者。进一步重视课程思政管理干部及教师队伍的培养,组织学习党的教育方针,加强新形势下课程思政相关政策文件的研读,开展课程思政活动设计、活动实施等专题培训,提升课程思政队伍的专业化水平。

(三) 加强科学研究

学校主管部门和教育科研机构要和学校协同开展课程思政的研究,探索新时期课程思政的特点和规律,创新课程思政开展的途径和方法,定期总结、交流研究成果,探索具有区域整体特色的课程思政顶层设计及组织实施,培育示范性的课程思政项目,加强对课程思政实践活动指导与实施的监测评价,通过协同创新、系统推进、持续改进来提高学校课程思政的整体实施水平。

学习借鉴先进的经验和方法,结合本校实际,基于问题导向、需求导向,开展针对性研究,建立校本研修制度。通过专业引领、同伴互助、合作研究,着力提升全体教职员工的课程思政能力,加强实践活动策划与实施研究。通过对典型案例和经验做法的总结,不断反思与改进课程思政实践活动内容、途径、方式,极力提升课程思政的实效性。

(四) 加强制度建设

每一项工作的背后,都需要坚实的制度保障,确保工作有法可依。制度保障贯穿课程思政工作顶层设计、具体落实、评价反馈的育人全过程,在思政教育保障工作中发挥主导作用。自课程思政在全国推行后,教育部陆续出台了相关政策,《中小学德育工作指南》和《高校思想政治工作质量提升工程实施纲要》(教党〔2017〕62号)指明了课程思政的前进方向,《高等学校课程思政建设指导纲要》(教高〔2020〕3号)对课程思政各方面各环节给出了较为详细的指导意见。然而,国家尚未出台关于社区教育课程思政的指导意见。各社区学校应当积极展开调研讨论,在结合自身实际的基础上确立一套能有效推行的课程思政实施方案,并形成校内制度。同时,应当积极建立课程思政资源库,将全校教师已研发的课程资源都纳入其中,对优秀的课程思政示范课进行适当奖励,形成奖赏机制,从而提高教师开展课程思政工作的积极性。

(五)加强条件保障

学校主管部门要加大对学校课程思政教育教学活动的投入,支持学校改善开展课程思政教育教学活动所需要的硬件条件,广泛动员社会力量,丰富教育设施和活动资源,形成开展课程思政的社会合力。

案例 家庭教育——合力养育

一、案例基本信息

本案例属于社区教育社会科学系列家庭教育类课程,教育对象包括祖父母(外祖父母)及父母,即家庭抚育人。本教学案例以现实问题为切入点,直指隔代教育与亲子教育之间矛盾的根源及影响,引导学员挖掘合力养育的价值及秘诀,明确合力养育中祖父母(外祖父母)及父母的角色定位。从而,引导抚育人注重家庭和谐,尊重彼此的意见和感受,从优良家风中汲取精神养分,培育积极健康的家庭观念,共同为孩子的健康成长创造良好的家庭环境。

二、案例课程思政价值描述

1. 强化家庭教育的责任感和使命感。引导抚育人认识到合力养育中自己在孩子成长过程中的重要作用,增强家庭教育的责任感和使命感,积极恰当地参与孩子的教育和成长过程。

2. 培养良好的家庭氛围。引导抚育人注重营造良好的家庭氛围,建立和谐的家庭关系,为孩子提供温馨、安全、和谐的家庭环境。重视家庭建设,注重家庭、家教、家风,争取形成爱国爱家、相亲相爱、向上向善、共建共享的社会主义家庭文明新风尚。

3. 弘扬中华优秀传统文化。强调家庭教育中合力养育的价值及秘诀,传承良好家风,弘扬中华美德,塑造新时代文明新风。

三、案例正文

教学片段一:话题导入 引发思考

课堂伊始,教师组织学习者观看一段视频,视频呈现的情景如下:祖辈与孩子父母针对孩子喂养方式发生冲突,孩子父母通过学习科学育儿知识坚持让孩子自主进食,祖辈基于卫生情况、孩子生长发育需求等实际情况坚持长辈喂饭。随后,学习者围绕视频内容进行讨论,直指隔代教育与亲子教育之间矛盾的根源,例如社会背景的不同、教育观念的差异、早年矛盾的延伸等。随后,教师进一步引导学习者思考,隔代教育与亲子教育之间矛盾的影响,例如会造成家庭环境紧张、孩子无所适从等。

设计说明: 开门见山,通过深入探讨隔代教育与亲子教育之间矛盾的根源及影响,帮助两代家庭抚育人认识到,隔代教育与亲子教育之间冲突的根源及造成的严重影响,引导抚育人理解家庭和谐的重要性,注重营造良好的家庭氛围,培养积极健康的家庭观念,建立和谐的家庭关系,为孩子提供安全、温馨、和谐的家庭环境,为后续的分析和讨论打下基础。

教学片段二:点明主旨　强化重点

播放视频"从兴趣到热爱:奶奶带大的国学小子王恒屹",并组织学习者围绕"合力养育的价值"各抒己见,总结归纳出以下结论:家庭层面,促进家庭和谐;孙辈层面,收获更多照顾;家长层面,缓解后顾之忧;祖辈层面,彰显自我价值。同时,学习者分享讨论合力养育的秘诀,得出以下经验:其一,察觉情绪,处理情绪;其二,明确边界,各司其职;其三,接纳差异,包容肯定;其四,适度适量,给予时间。

设计说明: 通过真实案例分析,点明合力养育的价值,从而使学习者增强家庭教育的责任感和使命感,遵循文明礼仪、尊重彼此的意见和感受,以身作则,传递积极向上的价值观。家庭抚育人积极恰当地参与孩子的教育和成长过程,以文明风范为指导,塑造健康、和谐的家庭氛围。同时,通过分享合力养育的秘诀,为学习者提供实际可行的操作建议。

教学片段三:厘清分工　重视实践

分析合力养育中父母的角色定位,即主力军、启迪者、幽默家、相信者,及合力养育中祖辈的角色定位即爱护者、学习者、和事佬、审美家。进一步强调,两代养育人各司其职,合力养育,相得益彰。

设计说明: 通过分别阐述祖辈、父母在合力养育中的角色定位,厘清两代人养育孩子的责任,使学习者更加直观地了解祖辈、父母两代人在合力养育中的角色和作用。重视家庭建设,注重家庭、注重家教、注重家风,推动形成爱国爱家、相亲相爱、向上向善、共建共享的社会主义家庭文明新风尚。

上海市松江区社区学院　刘清圆

亲历感悟　实践体验　知行合一

——社区特色系列课程思政教学参考

一、课程定位与育人价值

【课程定位】

社区特色系列课程以全体社区居民为教育对象,把学习情境从传统的学校课堂扩展到社区实践场景,充分展现"人人皆学、处处能学、时时可学"的理念。课程内容涵盖终身学习体验基地的体验课程,结合区域内丰富的人文、历史资源开展的"人文行走"课程,以文化传承和科学创新为核心的社区学习坊课程,以及在新时代文明实践中心、学生社区实践指导站和社区党群服务中心开展的社区教育活动课程。旨在满足居民终身学习需求,拓宽视野,增强自信,培养现代公民意识。

课程突出实践性和社区性,形式灵活多样、多元互动,使学习者在亲历感悟、实践体验中实现知行合一,促进育人过程知识性与价值性的有机统一,是社区教育全面贯彻党和国家教育方针、落实立德树人根本任务的重要途径,是培育和践行社会主义核心价值观的重要载体。

【育人价值】

社区特色系列课程促进学习者坚定中国特色社会主义理想信念,弘扬和践行社会主义核心价值观,厚植爱党爱国爱社会主义的情感,积极感受社区人文底蕴和独特魅力;引导学习者主动适应社会,促进知识和经验的深度融合,在实践、体验、感悟中享有更加充实、更为丰富、更高质量的精神文化生活;提高学习者社区参与能力和社区营造能力,培育各类社区学习团队和志愿者组织,激发社会参与活力,提升社区归属感和凝聚力。

二、课程类型

社区特色系列课程依托社区各类公共文化资源,包含一系列形式多样、内容丰富、极具社区特色的课程。现将社区特色系列课程划分为以下七类课程,旨在为相关课程思政建设提供参考。

(一) 终身学习体验基地课程

终身学习体验课程是依托上海市民终身学习体验基地而开展的社区教育特色体验课程。上海市教委于2013年依托高校、行业、区县的社会公共教育资源,组建了一批基地,为社区居民搭建了多样化的体验式平台。截至2022年底,全市共设市级体验基地12个,体验站点扩容至156个,体验项目1 387个,体验课程2 393个。基地通过创设参与式的互动场景,营造印象深刻的互动感受,引导社区居民走出校园、走出课堂,在自主学习的实践中获得知识和技能,在互动交流的体验中享受学习乐趣。

例如:上海广富林奇石馆,是上海市民终身学习体验基地和松江区科普教育基地,馆内不仅展示海派奇石文化,还融合了丰富的自然、历史与科技知识。学习者在欣赏海派奇石文化的同时,能够深刻感受到中华优秀传统文化的魅力,增强文化自信和民族自豪感,树立科学的世界观和方法论,坚定理想信念,积极投身社会主义现代化建设。

(二) 终身学习人文行走课程

"人文行走"是终身学习中除了课堂、网络、团队、体验四种学习方式之外,所倡导的第五种学习方式。依托区域内丰富的人文、历史资源,将社会学习点、市民体验基地等与"人文行走"活动相对接,引导社区居民体验、寻找、发现、分享学习中的感受、感知、感发,触摸城市的文化脉搏,持续提升社区居民的学习素养和创新能力。

例如:"上海之根 寻根历史"人文行走线路。通过探访松江的历史文脉,如云间第一桥、大仓桥等,带领学习者感受松江深厚的历史文化底蕴。行走间,学习者不仅增进了对本土文化的了解和认同,更在潜移默化中培育了爱国情怀,激发了对民族历史和文化的尊重与热爱,实现课程思政的有效渗透与提升。

(三) 社区学习坊课程

"社区学习坊"开设的社区特色系列课程是为了满足社区居民追求高品质生活和日益增长的终身学习愿望,组成以高校资源为核心,以先进办学理念为导向,以文化传承和科学创新的多学科的融合教育为核心主题,结合本地区的历史文化特色和社会资源,围绕非遗技艺、生活科技、前沿知识、人文艺术、身心健康等内容,面向学习者创设的STEAM(科学、技术、工程、艺术、数学)系列课程。"学习坊"的系列课程设计根据主题学习内容展开,围绕文化传承和科技创新的主题,融合高校、科研院所等社会资源,满足社区居民多样化、个性化的学习需求。

例如:"创智未来"学习坊通过为学习者提供人工智能科普系列课程,强化科技与日常生活的紧密联系,激发他们对本土科技创新成果的自豪感,引导学习者在科技学习中提升社会责任感,认识到科技发展对社会、环境及健康的影响,从而培养起科学、文明、健康的生活方式。

(四) 三类学习点课程

为逐步扩大社区(老年)教育供给,解决人民群众日益增长的社区(老年)教育需求与社区(老年)教育发展不平衡、不充分的矛盾,提升社区居民的学习品质,上海市开展了社区(老年)教育社会学习点、养教结合学习点和居村委示范学习点三类学习点课程建设。企业、社会教育机构等社会组织作为学习点建设的主体,资源共享,形成以"体验、学习、回顾"于一体的教学模式,为社区居民提供丰富的社区教育课程资源。

例如,新源曹林坤农机互助队(现代农机)学习点。学习者通过深入了解农村历史文化、传统农业到现代农业的转型,以及现代化农耕机器的操作实践,逐渐领悟到国家进步与农业发展的紧密联系,激发他们的爱国情怀和社会责任感。通过亲身参与和感受,学习者更加深刻地理解了历史和现代化进程的艰辛与辉煌,培育了对国家和社会的深厚情感。

(五) 新时代文明实践课程

新时代文明实践课程,是依托新时代文明实践中心,整合现有基层公共服务阵地资源,通过志愿服务的形式,学习宣传习近平新时代中国特色社会主义思想、宣讲党的方针政策、培育主流价值、活跃居民文化生活,以文化人、成风化俗,动员和激励广大群众积极投身社会主义现代化建设。

例如：新桥镇新时代文明实践中心联合新桥镇社区学校开展"茶道礼仪与人文新桥"课程。该课程通过中华传统礼仪的学习，如拱手礼、抱拳礼、揖礼等，让学习者体会礼仪文化的重要性，增强文化自信和民族自豪感。在茶道环节中，学习者亲身体验泡茶、品茶，深刻感受茶文化的内涵。通过这些实践活动，学习者不仅学到了传统技艺，还培养了对中华文化的尊重和爱国情怀，有效促进了学习者的全面发展，对于传承和弘扬中华优秀传统文化具有重要意义。

（六）学生社区实践课程

学生社区实践课程是依托学生社区实践指导站，推动学生社会实践与全面发展，探索在社区加强和改进新时代未成年人思想道德建设。课程聚焦加强未成年人思想政治、传统文化、志愿服务、文明习惯等教育，扎实开展系列思政实践活动，进一步引导未成年人学习理论政策、参与文明实践、弘扬传统文化，是促进未成年人终身发展的社区实践教育。

例如：永丰、新桥、中山、新浜、石湖荡、泗泾、岳阳七家街镇学生社区实践指导站联合举办以"学四史惜今时　守初心担使命"为主题的学生社区实践活动。通过发放《"四史"学习笔记》和组织主题活动，如线上寻访历史纪念馆、观看爱国影片、阅读有关中国发展的书籍，参与主题研讨等，引导青少年学习党史、新中国史、改革开放史和社会主义发展史，丰富青少年的历史知识，增强他们的历史使命感和责任感。通过实践活动中的学习和讨论，青少年能够更深刻地了解党的奋斗历程和建设成果，培养他们爱党、爱国、爱社会主义、爱家乡的情感，为培养新时代的社会主义建设者和接班人打下坚实基础。

（七）党群服务中心课程

党群服务中心类课程是借助社区党群服务中心，为党员和群众提供学习习近平新时代中国特色社会主义思想、红色文化教育、社会主义核心价值观的培育等课程，促进深入学习党的理论与实践，自觉用习近平新时代中国特色社会主义思想武装头脑、指导实践、推动工作，加强社区居民的政治素养和社会责任感。

例如：小昆山镇社区党群服务中心的"板凳课堂"作为创新的社区教育形

式,不仅成为居民们思想政治教育的重要阵地,更是社区文化生活的一部分。在这个平台上,党员志愿者与居民共同探讨社区发展与民生问题,通过"坐一坐""听一听""聊一聊",加强居民间的沟通与理解,促进社区和谐。此外,结合舞蹈、沪剧、说唱等文艺表演,将党的政策以寓教于乐的形式传播,既增强了居民的学习兴趣,也提升了他们的政治认同。通过这些互动活动,居民不仅提升了政治素养和公民意识,还在参与社会治理的过程中实现了自我价值,增强了社会责任感和集体荣誉感。这样的教育模式,有效地构建了学习型、和谐型社区,为促进社区发展和居民全面成长作出了积极贡献。

三、课程思政的目标与内容

课程思政视域下的社区特色系列课程应以促进社区居民的全面发展与社区可持续发展为目标,助力建设全民终身学习的学习型社会、学习型大国,服务中国式现代化,形成社区特色系列课程与思政课程同向同行、多方协同的全员、全程、全方位育人格局。

以《上海市中小学学校综合德育活动指导意见》和《上海市中等职业学校课程德育指导意见》等为参照,结合社区特色系列课程实践,现列举课程思政目标如下。

政治认同:拥护中国共产党的领导,感悟中国特色社会主义制度的优越性,高度认同中国特色社会主义道路、制度、理论等,坚定政治信仰,自觉践行和弘扬社会主义核心价值观。

国家意识:弘扬爱国主义精神,增强民族自豪感,提升家国情怀,坚决捍卫民族尊严,把个人发展和国家命运联系起来,维护国家利益和安全。树立和践行"绿水青山就是金山银山"的理念,形成生态意识和全球意识,推动人类命运共同体建设,共同创造人类的美好未来。

文化自信:树立文化自信,发展社会主义先进文化,弘扬革命文化、传承中华优秀传统文化,增强对中华文化的自豪感和认同感,展现出新的追求和新的精神面貌,为建设中国特色社会主义作贡献。

公民人格:尊法学法守法用法,遵循公共道德和社会规则,有序参与公共事务,热心公益事业,积极参加志愿服务。感受生命的美好,崇尚健康文明的生活方式,拥有健康的体魄、坚强的意志、良好的审美情趣和积极的心理品质。在实践和体验过程中形成正确的世界观、人生观、价值观,传播崇德向善正能量,倡导文明和谐新风尚。

现围绕政治认同、国家意识、文化自信、公民人格,本参考设定具体的课程思政目标与内容如下,供教师参考。

一级目标	二级目标	具体内容和要求	举例
政治认同	党的领导	1. 了解中国共产党的奋斗历史、光荣传统和光辉业绩,认同党的性质和宗旨,自觉增强"坚持党的领导"的观念 2. 自觉拥护党的路线、方针和政策,深入学习习近平新时代中国特色社会主义思想 3. 在言行上与中国共产党保持高度一致,成为党的理论和政策的积极传播者和实践者	"弘扬长征精神 争做先锋少年"——"青色新浜"寒假青少年活动
	政治制度	1. 学习中国特色社会主义理论体系的主要内容,理解习近平新时代中国特色社会主义思想是马克思主义中国化的最新成果 2. 参加党课、讲座等活动,提升科学理论修养,不断增强理论自信,自觉用科学理论指导生活实践 3. 参加宣传教育活动,知道人民代表大会制度是我国的根本政治制度,了解我国是人民当家作主的国家	"模拟人大常委会会议进社区"体验活动
	科学理论	1. 知道、熟悉、掌握马克思主义世界观与方法论、马克思主义中国化的理论创新成果等,了解这些理论的内涵、地位和作用 2. 从古今中外的比较中,明确中国特色社会主义政治制度具有鲜明的中国特色和巨大的优越性 3. 明确肩负实现中华民族伟大复兴的历史使命,了解实现中国梦的有效途径 4. 熟知社会主义核心价值观,并在生活中主动践行	"读原著、学原文、悟原理"读书活动

续 表

一级目标	二级目标	具体内容和要求	举 例
政治认同	发展道路	1. 学习史料,实地参观场馆,了解中国共产党坚持走中国特色社会主义道路的背景、取得的成就和现实意义,加深对新中国成立特别是改革开放以来中国道路的发展过程和规律的认识 2. 知道中国特色社会主义道路的主要内涵,通过实践考察等活动,理解中国特色社会主义道路是国家富强、民族复兴和人民幸福的必由之路 3. 坚定道路自信,拥护中国道路,自觉为中国道路的发展贡献才智 4. 通过演讲、征文等活动深刻感悟中华民族的伟大历程,理解国家发展要坚定走中国特色社会主义道路不动摇 5. 积极参加社区志愿服务活动,在实践中感受城市建设发展的喜人成果,增强自豪感	"争做城市美容师·共建美好家园"志愿服务活动
国家意识	国家利益	1. 关心国家利益、国家主权完整等相关事件或新闻报道,能坚定地与祖国同心同行,保持正确坚定的立场 2. 深化对国家统一重要性的认识,面对不利于国家统一的言论和行为能主动抵制 3. 增强国家认同和身份意识,能自觉捍卫国家主权、尊严和利益,理解个人发展与国运、时运的联系 4. 参加国防民防教育活动,具有一定的自救、互救能力,增强国防民防意识	松江区民防科普馆社会学习点
	国情观念	1. 参加各类社会公益和游学活动,尊重中华优秀文化,能传播弘扬中华优秀传统文化和社会主义先进文化,在实践中全面认识社会现状和现实问题,培养思辨能力和公民责任感 2. 学习中国特色社会主义理论体系的主要内容,客观理性地认识到我国发展的优势与不足,树立忧患意识、责任意识 3. 通过参与"人文行走"等游学活动,了解自己生活的社区,自觉保护自然环境和人文景观,共同参与建设和谐家园;懂得自然环境、社会经济环境与生产力水平协调发展的重要性,理解因地制宜、因时制宜的价值意义	"喜迎二十大 新桥少年再出发"暑期党史学习系列活动

续 表

一级目标	二级目标	具体内容和要求	举 例
国家意识	民族团结	1. 认真学习中华民族发展历史,赞同维护民族团结是我国各族人民的根本利益所在的观点 2. 积极参加弘扬民族精神的主题活动,理解和感受我国优秀的民族文化 3. 积极参加民族文化交流活动,认同"中华民族"是各民族共同的精神家园,明确民族间平等交流、相互交融是民族关系的主流 4. 和身边少数民族朋友友好相处,学会尊重、理解、欣赏各民族文化的差异,旗帜鲜明地反对民族分裂	"家在上海,石榴花开"2023年九里亭街道民族文化节
	国际视野	1. 具有全球意识和开放的心态,了解人类文明进程和世界发展动态 2. 学习和了解世界历史,收看国际国内新闻,拓宽国际视野,正确认识国际关系 3. 能尊重世界上不同国家和地区文化的多样性和差异性,积极参与跨文化交流,并在交流中做到不卑不亢 4. 具备鉴赏其他文化的能力,掌握文明社会普遍认可、适用的基本礼仪和礼节 5. 学习和理解我国的外交政策,认同我国在构建人类命运共同体方面的努力和成就,关注人类面临的全球性挑战,理解人类命运共同体的内涵与价值,了解"一带一路"机制的基本内涵和重要意义	《"一带一路"筑梦中国》社区系列课程
文化自信	国家语言	1. 了解汉语言文字背后深厚的中华民族思想文化底蕴,以使用汉字为傲 2. 积极参加读书节、读书征文、诗歌节等社区教育文化活动,踊跃参与有关中华文化的国际交流活动,以推动中华优秀思想文化的传播为己任 3. 自觉抵制不规范、不文明的语言,在普通话口语表达、汉字书写、中国语言文字阅读与写作及网络信息化平台使用中均能自觉注意语言文字运用的规范性,自觉维护国家语言的纯洁性 4. 自愿学习并推广上海话,传承优秀地域文化,增强归属感和自豪感	"追寻红色印迹 践行文明修身"——松江区第十四届读书节暨全民终身学习活动

续 表

一级目标	二级目标	具体内容和要求	举 例
文化自信	历史文化	1. 知道中华民族文明进程中的基本历史沿革,了解一些我国的非物质文化遗产,增强民族自豪感和自信心 2. 选读中国传统经典作品,把握其丰富的内涵和深厚的文化价值,研究中华思想的精髓,感受中华文明的博大精深 3. 知道中国历史中的重大事件,领悟锐意进取的民族自强精神与社会责任感 4. 寻访中外文化遗产,感悟中华文明的丰富性与生命力 5. 参观走访历史文化遗迹,感受先进知识分子、革命家与爱国志士等在民族危亡的苦难背景下为推动民族自强与振兴所做的各种尝试与努力、探索与奋斗,传承并发扬国人"天下兴亡,匹夫有责"的担当精神	"茸城丰碑 人文行走"红色修身线路、"上海之根 寻根历史"线路
	革命传统	1. 学习理解中国共产党领导各族人民在革命战争年代形成的红船精神、井冈山精神、长征精神、延安精神、红岩精神、西柏坡精神等,了解中国共产党开展武装斗争和探索革命道路的艰辛及毅力 2. 研究中国共产党在社会主义建设实践中形成的大庆精神、雷锋精神等,学习全心全意为人民服务的思想,形成实事求是的科学态度,感受仁人志士的高尚情操和道德品质 3. 积极参加传承红色基因活动,充分利用社区教育阵地,宣传我国人民在中国共产党领导下为崇高信仰而献身的坚韧不拔的革命精神和革命人格 4. 踊跃参加诵读先烈故事、传唱红色歌曲、观看爱国影视、瞻仰革命圣地、访问革命前辈等主题活动,增强继承发扬革命传统的自觉性、主动性	"学四史惜今时守初心担使命"学生社区实践活动
	时代精神	1. 学习以改革创新为核心的以人为本、和平发展、社会和谐、与时俱进的时代精神,全面了解我国的国情和改革开放以来社会发生的巨大变化,深刻理解改革创新是建设社会主义创新型国家的迫切需要	

续 表

一级目标	二级目标	具体内容和要求	举 例
文化自信	时代精神	2. 深刻认同在中国共产党的领导下、在改革开放时期所形成的时代精神,都是中华民族伟大精神的丰富和发展;深入学习和理解抗震救灾精神、航天精神、工匠精神等时代精神 3. 学习为国家富强、民族兴盛而奋斗的优秀人物锐意进取的精神和奋勇争先的良好品质,树立尊重实践和求真务实的科学态度 4. 走进大型品牌企业和新兴行业,参与行走体验活动,了解各行业动态,感受知识经济和信息革命的日新月异,领会国富民强的思想内涵,增强民族自豪感 5. 积极参加各类科技创新活动,通过创新设计、动手实践活动,弘扬劳模精神、劳动精神、工匠精神等时代精神	"传统文化进社区,古风遗韵在民间"知布织道学习坊非遗体验活动
公民人格	健康身心	1. 在主题学习、同伴互助中掌握一定的情绪觉察与自我调节的策略,具备较强的抗挫抗压能力,与同伴互助成长 2. 以测评数据和实践经历为依托,深化对自我性格、情绪、人际关系等的觉察,对自我身心状况做到整体把握 3. 培养自律意识、理财意识和消费意识,不铺张浪费,不攀比 4. 积极参加体育类课程、训练、实践等,形成良好的体育锻炼习惯,至少掌握一项运动技能,提升个人身体素质	"健康荡里行""心理健康教育进社区"培训活动
	守法诚信	1. 通过法治主题学习、实践宣传等活动,树立法治意识,理解依法治国的必要性与重要意义 2. 对国家宪法和法律形成基本认知,并能运用法律维护自身的合法权益 3. 在团队协作与人际交往中秉持尊重、平等的理念,自觉维护组织或团队的和谐稳定	"关注职工权益,民法典进企业"——法律进社区宣讲活动
	自由平等	1. 在为学校、团队作贡献或争创荣誉的实践中实现自我的价值和个人担当,具备团队意识	

续 表

一级目标	二级目标	具体内容和要求	举 例
公民人格	自由平等	2. 积极参与社区建设，自觉保护社区环境，深入社区开展志愿服务，争当好公民，能为社区贡献自己的力量 3. 诚实守信，踏实做人，能兑现自己的承诺和制定的计划，对自己和他人负责 4. 能在与家庭成员、同伴的交往中做到言行一致，为营造诚实守信的良好环境尽到自己的一份责任	《"红色"学习笔记》学生社区实践活动
	自强合作	1. 在活动中学会倾听、对话、分享和反思，为人大气谦和，具备良好的团队协作意识和能力，能见贤思齐，取长补短，拥有积极的品格与精神 2. 积极参加安全教育主题活动，熟练掌握自救互救的知识与技能，并能在家庭和社区中主动宣传 3. 热心公益和志愿服务，有志愿者奉献精神 4. 能根据指导开展生涯规划，积极参加职业体验，增强生涯规划意识和能力	"老年数字教育进社区"行动

注：因课程类型较多，在此举例仅供参考，类似课程可自行推演。

四、课程思政教学策略

（一）发挥教师主导作用，提升课程品质

教师是社区特色系列课程的组织者和实施者，在课程中起着主导作用，使课程能够按照课程要求和目标进行。教师要以良好的师德修养、高尚的道德准则、良好的精神风貌引导学习者树立正确的世界观、人生观、价值观。教师要准确把握"积极引导"与"大包大揽"的区别、"严格要求"与"尊重主体"的辩证统一，避免课程出现重灌输轻引导、重主导轻主体、重知识轻实践的现象。

（二）关注学习者主体地位，优化课程设计

社区特色系列课程应关注学习者的主体地位，尊重其学习需求和个性差异。课程设计要以学习者为中心，充分考虑其不同年龄阶段的身心特点和认知水平，遵循由浅入深、由低到高、由感性到理性、由具体到抽象的教学原则，逐步提高课

程的层次性和渐进性。同时,课程还要为学习者提供亲身经历与实践体验的机会,通过组织各种社区实践活动,增强其社会意识、社会理解和社会责任感。此外,课程评价也要关注学习者的主体性和差异性,采用多元化的评价方式和方法,真实反映其学习成果和进步。

(三) 立足当今时代特征,凸显课程育人实效

社区特色系列课程是贯彻落实立德树人根本任务的重要途径。课程目标要符合立德树人的根本目标,必须立足时代背景和特征,凸显课程的针对性和时效性。首先,学校对活动目标的设定要符合新时代特征,既要传承中华优秀传统文化,又要体现时代精神,引导学习者树立正确的价值观。其次,课程要突出政治认同、国家意识、文化自信、人格养成等德育目标,结合学校实际来设计社区特色系列课程。课程要强调实效性,避免活动的形式化、娱乐化和浅层次化,确保每一次教学活动都能为学习者带来实质性的收获和成长。

(四) 创新教学方式方法,激发学习兴趣

在社区特色系列课程中,要创新教学方式方法,采用灵活多样的教学手段和形式,激发学习者的学习兴趣和积极性。可以运用现代信息技术手段,如多媒体教学、网络教学等,丰富课程的表现形式和内容;也可以组织各种形式的互动交流活动,如小组讨论、角色扮演、辩论赛等,增强学习者的参与感和体验感。同时,还要注重实践教学环节的设计和实施,通过组织各种社区实践活动和志愿服务等,让学习者在实践中深化对课程内容的理解和应用。

(五) 加强课程资源整合,形成教育合力

社区特色系列课程要充分利用社区内的各种教育资源,加强课程资源的整合和利用。可以与社区内的企事业单位、文化机构、社会组织等建立合作关系,共同开发和实施课程项目;也可以邀请社区内的专家学者、能工巧匠等担任课程顾问或兼职教师,为课程提供专业指导和支持。通过加强课程资源整合和利用,形成教育合力,为学习者提供更加优质、全面的教育服务。同时,要注重课程资源的更新和维护工作,确保课程资源的时效性和有效性。

五、课程思政教学保障措施

(一) 加强领导管理,统筹规划安排

各单位要把社区特色系列课程作为落实立德树人根本任务的重要途径,结合落实市、区终身教育工作要点的要求,以及社区居民的学习需求,在区教育局的统筹协调安排下,纳入整体社区教育教学和管理工作体系。加强顶层设计,把各项工作落实到位。

(二) 完善制度建设,规范课程管理

为了确保社区特色系列课程的质量和有效性,各单位需加强对课程的领导和监管。制定涵盖课程开发、实施、评价、反馈的全面规章制度。明确责任部门和负责人,确保课程管理的透明性和责任明晰。支持和指导社区教育学习资源点,以优化活动体验类课程的实施。建立健全的安全管理预案,分级落实安全主体责任。确保在开展社区特色系列课程时,所有安全风险得到妥善管理和控制。引入课程审核机制,通过专家评审和社区反馈,确保课程内容不仅科学合理,也符合社区需求。建立事前、事中、事后的整体监控机制,规范课程流程管理,从而提升课程的整体效果和参与者的体验。

(三) 确保经费投入,设施设备到位

学校要将社区特色系列课程经费纳入年度预算,确保社区特色系列课程的经费投入,支持改善课程所需的设施设备,提供活动开展必需的时间、空间、场所设施等。要确保人员配备到位,明确社区特色系列课程的考核要求和办法。广泛动员社会力量,丰富教育设施和活动资源,形成有效开展社区特色系列课程的社会合力。

(四) 加大宣传力度,扩大活动影响

进一步加大宣传力度,依托各类学习阵地和各类宣传媒体,定时发布活动方案、活动信息,扩大社区居民对各类活动的知晓度和参与度。印制活动宣传折页、海报、手册等,向区内社区学校、社区居民学习点发放,吸引更多社区居民参与到各类学习活动中。同时,通过举办成果展示、经验交流等活动,使社区居民不仅能够直观体验课程的魅力,还能促进居民间的互动和学习,形成积极的交流

氛围。这些活动有助于展示课程的成果,提升知名度和社会影响力,为课程的深入实施创造良好条件。

(五)加强科学研究,探索活动规律

要坚持理论与实践相结合,组织专家学者、教研人员、一线教师和学校管理人员结合实际情况积极开展研究,在实践中丰富、完善社区特色系列课程理论,不断提高课程的教育科学化水平。学校要建立校本研修制度,通过专业引领、同伴互助、合作研究,着力提升课程有效性。总结典型案例和成功经验,不断反思、改进与提升社区特色系列活动体验类课程思政的内容、途径、方式和效果。

案例 科创松江 人文行走

一、案例基本信息

自2018年以来,松江区教育局携手区文明办、区文广局等部门每年打造一条"上海之根 修身立德 人文行走"系列线路。截至2023年,共推出六条线路。2022年的"科创松江 人文行走"线路选取了八家优秀企业,聚集了人工智能、工业物联网、新材料等高精尖产业。导学志愿者线上开设人文行走直播课,带领市民线下实地了解学习线路和学习点,让市民在行走中了解从"松江制造"到"松江创造"的发展历程,感悟在建设"科创、人文、生态"的现代化新城中所弘扬的新时代松江精神。

二、案例课程思政价值描述

1. "人文行走"项目作为社区教育形式的一种创新,在行进中学习,强化价值引领,深耕课程思政,实现科学课程育人,以践行社会主义核心价值观、弘扬科学精神为主线,营造热爱科学、崇尚创新的社会氛围,提升社会文明程度。

2. "科创松江 人文行走"线路在创设课程内容的过程中,打破了传统课堂学习与科学教育课程之间的壁垒,立足科学知识传递,关注市民科学素质提升,充分发挥科普功能,让科普教育与科学教育相向而行发挥合力。

3. 把科学精神及科学家精神、中国科技好故事、科技引领时代发展的理念,渗透在科学教育的各个环节,在提升市民科学兴趣的同时,帮助他们树立科学思想,掌握基本科学方法,了解必要科技知识,并具有应用其分析判断事物和解决实际问题的能力,树立科学的世界观和方法论。

三、案例正文

线路片段一: 上海欣诺是一家以客户需求为导向,致力于网络通信与网络安全技术融合发展的研发型高科技公司,坐落于风景秀丽的松江新城。公司是国家认定的高新技术企业、国家级专精特新"小巨人"企业、上海市科技"小巨人"企业和上海市战略性新兴企业。欣诺立足于新一代信息通信技术,一方面为三大运营商、数据中心和互联网公司等行业客户提供高速网络通信技术;另一方面,基于大数据分流和挖掘技术,为运营商、数据中心提供网络安全、数据安全和信息安全防护。公司展厅和研发室是这个点位的主要参观场所。

设计说明: 在参观上海欣诺时,学习者将接触到中国在网络通信和网络安全技术方面的创新成就。这一经历有助于他们理解国家技术自主创新的重要性,以及科技在推动社会进步和保障国家安全中的关键作用。此外,通过观察一家高新技术企业的成长和发展,学习者可以领悟到持续学习和创新精神的价值,以及科技创新对国家和社会发展的深远影响。

线路片段二: 上海曼恒数字技术股份有限公司是以虚拟现实和 3D 打印作为两大核心业务的创新型高科技企业。创始于 2007 年,总部位于上海。公司于 2015 年挂牌全国中小企业股份转让系统,加速 3D 产业布局。曼恒数字始终坚持自主产品的研发与技术创新,成功研发并推出 IdeaVR 异地多人协同 VR 引擎平台、G–Cave 虚拟现实沉浸式交互系统、DVS3D 虚拟场景设计软件、G–Motion 交互追踪系统、虚拟现实内容开发服务、3D 打印设备和材料等核心产品,为高端制造、高等教育、国防军队、医疗医学等领域提供产品及技术服务。市民可以在 VR 内容应用展示区体验虚拟现实应急演练平台、VR 小组协同交互、VR 头盔试戴等项目。

设计说明: 在探索上海曼恒数字技术的虚拟现实和 3D 打印技术时,学习者将了解到这些前沿技术如何服务于教育、医疗和国防等关键领域,体现了科学技术为人民服务的理念。这不仅增强了他们对科技应用广泛性的认识,还激发了对科技创新的兴趣和热情。此外,通过观察科技如何转化为实际应用,学习者能够理解科学思维和实践能力在解决实际问题中的重要性,进而培养他们将理论知识应用于实践的能力。

上海市松江区社区学院　孔晨迪

参 考 文 献

[1] 教育部.教育部关于印发《高等学校课程思政建设指导纲要》的通知[Z]. 2020-05-28.

[2] 宗爱东.课程思政:一场深刻的改革[M].上海:上海人民出版社,2022.

[3] 上海市教育委员会教学研究室.上海市中小学语文学科德育教学指导意见[M].上海:华东师范大学出版社,2019.

[4] 上海市教育委员会教学研究室.上海市中小学美术学科德育教学指导意见[M].上海:华东师范大学出版社,2019.

[5] 上海市教育委员会教学研究室.上海市初中道德与法治和高中思想政治学科德育教学指导意见[M].上海:华东师范大学出版社,2019.

[6] 上海市教育委员会教学研究室.上海市中学生命科学学科德育教学指导意见[M].上海:华东师范大学出版社,2019.

[7] 肖川.义务教育音乐课程标准(2011年版)解读[M].湖北:湖北教育出版社,2012.

[8] 上海市教育委员会教学研究室.上海市小学道德与法治学科德育教学指导意见[M].上海:华东师范大学出版社,2019.

[9] 上海市教育委员会教学研究室.上海市初中科学学科德育教学指导意见[M].上海:华东师范大学出版社,2021.

[10] 上海市教育委员会教学研究室.上海市中小学劳动技术学科德育教学指导意见[M].上海:华东师范大学出版社,2019.

[11] 上海市教育委员会教学研究室.上海市中小学信息科技学科德育教学指导意见[M].上海:华东师范大学出版社,2019.

[12] 上海市教育委员会教学研究室.上海市中小学英语学科德育教学指导意见[M].上海：华东师范大学出版社,2019.

[13] 上海市教育委员会教学研究室.上海市中等职业学校课程德育指导意见[M].上海：华东师范大学出版社,2019.

[14] 上海市教育委员会教学研究室.上海市中小学体育与健身学科德育教学指导意见[M].上海：华东师范大学出版社,2019.

[15] 上海市学习型社会建设与终身教育促进委员会办公室,上海市学习型社会建设服务指导中心.上海学习型社会建设(2021)[M].上海：上海人民出版社,2022.

实践篇

社区教育文化素养系列

跟我看新桥

教学目标

知识与技能：了解新桥地方党组织的历史以及地方经济的发展史。

过程与方法：通过聆听故事、观看视频，感受新桥日新月异的发展变化。

情感态度价值观：通过加深对新桥的了解，萌发对新桥的热爱之情，珍惜当下幸福美好生活，弘扬社会主义正能量。

教材分析与学情分析

一、教材分析

本节课是《新桥的那些人、那些事》课程中的第一课。教学内容主要为通过展示新桥旧时及如今的影像资料，分享新桥初代党员、优秀党员、创一代及创二代的故事，让学员直观感受新桥翻天覆地的变化，了解新桥地方党组织的历史，体会党员精神的代代相传，了解地方经济的发展史以及拼搏精神的新老传承。教学时长20分钟。

二、学情分析

本次授课对象为新桥镇社区学校学员。因新桥地区人口倒挂现象明显，导入人口众多，本课教学对象中既有新桥本地学员，也有相当一部分为退休后由市区及外省市迁居至此的新新桥人。因此,如何加深他们对新桥的了解,加强他们与新桥的情感联结,是本课尝试探索并解决的一大难题。

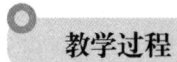

教学过程

一、新旧对比 引出本课主题

1. 播放视频:新桥相关影片资料。

2. 教师提问:在视频中大家看到了哪些熟悉的地方?请用一个词来形容你的感受。

3. 材料展示:新、旧新桥的照片和视频。

4. 教师提问:这些材料带给你什么感受?(变化大、翻天覆地、日新月异)

5. 教师总结:新桥能取得如今的成就离不开党的领导,更离不开新桥人民的艰苦奋斗。但未必每一个人都清楚其中经历过的困难与挑战,尤其今天在座还有不少是退休迁居到新桥养老的新新桥人。今天这堂课就让我们通过三位新桥人的故事去了解一下新桥。

设计意图: 用新桥今日的影像引导学员感受新桥的发展,通过新桥新旧影像的对比引导学员感受新桥的变化。

二、分享故事 感受时代变迁

(一)新桥第一个地下党组织与初代党员韩鸣皋的故事

1. 教师提问:新桥第一个党支部是何时何地成立的?请看视频。

2. 播放视频:新桥第一个党支部的故事。

3. 教师提问:新桥初代党员韩鸣皋当时面对的斗争形势是怎样的?

4. 教师讲述:初代党员韩鸣皋的故事。

5. 教师总结:从最初的第一个党支部到如今的1个镇党委、3个二级党委、230多个党(总)支部,这期间新桥曾经涌现出一批又一批优秀的共产党员。

(二)松江第一个"万元户"、养兔能手优秀党员杨四海的故事

1. 猜一猜:出示关键词,请根据屏幕上的这些关键词,猜猜他是谁呢?

2. 教师讲述杨四海的故事。

3. 教师总结：随着社会发展，"万元户"这个名号虽然已经褪去了当初的光环，但可喜的是，勤劳肯吃苦、敢闯敢拼搏的新桥人民紧紧抓住了时代的机遇，已经创造了更多更大的财富。比如我们第三个故事的主人公，就是一名地地道道的新桥90后"创二代"。

(三)"创二代"、90后年轻企业家陆晶的故事

1. 教师提问：如今在新桥就有一家新桥人自己创立，成立于新桥、成长于新桥，最终走向国际的优质企业，有没有学员知道它的名字呢？

2. 播放陆晶讲述自己和晓邦的故事的视频。

3. 教师总结：晓邦的发展就是新桥经济发展的一个缩影。如今，新桥不仅有晓邦这样的本土企业，而且筑巢引凤。全国乃至全世界的企业来这里落地生根，靠的就是新桥的两个"新"。

设计意图：用新桥地区初代党员、优秀党员及新时代年轻企业家的真实故事，让学员明白今日美好生活的来之不易以及奋斗的意义，并从身边的榜样中汲取前进的动力。积极学习为国家富强、区域兴盛而奋斗的优秀党员锐意进取的精神和奋勇争先的良好品质。树立尊重实践和求真务实的科学态度，自觉发扬勇于探索的创新精神。

三、展望发展　描绘美好蓝图

(一)新桥发展第一个"新"——新桥模式

1. 教师提问：什么是新桥模式呢？

2. 师生互动，探究并讲述新桥模式。

(二)新桥发展的第二个新——新的地标

1. 师生互动：看图讲解科创云廊。

2. 教师提问：看完这些，你们觉得新桥的未来会是怎样的呢？

设计意图：通过介绍展示新桥模式及新桥新地标，让学员感受新桥今日翻天覆地的变化，增强归属感和认同感，能为自己所在的社区感到自豪。畅想更加美好的明天，激发学员为此奋斗的时代使命感。

四、总结回顾　激发学员情感

1. 教师回顾：今天,我们一起认识了三个身处不同时期,但都为新桥的发展作出积极贡献的新桥人,大家还记得是谁吗?

2. 教师总结：新桥也是今天在座所有学员的根或者说是新的家园,相信听了这些故事大家肯定也很有触动、很受激励。最后,请大家一起来欣赏一首我们新桥自己的歌,在歌声中思考一下,作为新桥人,我们能为新桥做些什么,让我们共同祝愿新桥的明天更加美好!

3. 播放歌曲《带你去新桥》。

教学反思

为加强部分学员,即新新桥人,与新桥的情感联结,在教学设计上首先通过新、旧新桥影像的对比,让学员直观感受新桥日新月异的变化,激发学习兴趣。进而分享新桥地区典型人物的事迹,拉近与学员的距离,唤起情感共鸣,让学员明白时代的进步离不开人民的奋斗,从身边人身边事中汲取前进的动力。学员在分享与思考中自然产生与时代共发展的命运之感,理解个人发展与国运、时运的联系,感受社会主义制度的优越性,感恩时代的红利。在学习三位新桥党员为新桥发展作贡献的同时,更加了解自己生活的社区,更加自觉保护人文环境,共同参与建设和谐美丽家园。

松江区新桥镇社区学校　宋琳洁

侯绍裘的三次选择

教学目标

知识与技能：知道侯绍裘的英雄事迹和他的三次人生选择。

过程与方法：通过选择练习、问答讨论等方式，了解侯绍裘做出选择的原因和他的人生信念。

情感态度价值观：感受侯绍裘信仰的力量和选择的重要性，体会今天幸福生活的来之不易。

教材分析与学情分析

一、教材分析

本节课是《松江府城文化漫谈》课程中的第14课《浅谈府城文化中的斗争精神》中的一个小节，主要介绍了松江第一名共产党员侯绍裘的事迹及他的三次人生选择，了解他作出选择的原因和其人生信念，感受信仰的力量和选择的重要性，体会今天幸福生活的来之不易。教学时长为25分钟。

二、学情分析

本次授课对象为中山街道社区学校老年学员，平均年龄62岁，来自全国各地，都是随迁父母。他们的共同兴趣是想了解松江地区文化，尽快融入松江。课上，他们学习松江府城文化；课后，他们经常会组织集体活动，到松江的各个地标打卡，强化学习效果，感受松江传统文化的魅力。

教学过程

一、导入

图片导入,用松江二中侯绍裘塑像的照片引出本课主题:侯绍裘的三次选择。

设计意图:播放松江第一名共产党员侯绍裘塑像的照片,激发学员学习兴趣和向榜样靠近的内在动力。

二、新授

(一)介绍侯绍裘的一生

从求学、任教、斗争、遇害四个阶段介绍侯绍裘的一生。

(二)视频观看

1. 观看视频《侯绍裘的三次人生选择》。

2. 完成下列选择题。

(1)职业选择:侯绍裘在以下几个身份中选择了( )。

A. 工程师　　　　B. 科学家　　　　C. 翻译家　　　　D. 教育家

E. 报业巨子　　　F. 革命家

答案:F

(2)主次选择:在家庭和革命事业中,他选择了( )。

A. 家庭　　　　　　　　　　　B. 革命事业

答案:B

(3)生死选择:在成为国民党江苏省政府主席和被杀害的共产党员中,他选择了( )。

A. 生,成为国民党江苏省政府主席　　B. 死,被秘密杀害的共产党员

答案:B

3. 解析侯绍裘会作出这些选择的原因。

侯绍裘的人生信念:"以最多数人之最大幸福为人生的最终目的。"

4. 通过正、反案例对比,说明侯绍裘作出这三个选择的不易。

(三) 互动问答

1. 教师提问：你从侯绍裘的事迹中体会到了什么？

2. 学员分享学习心得：信仰的力量、选择的重要。

设计意图：通过呈现侯绍裘三次选择的结果和与反面例子的对比，得出了侯绍裘作出选择的原因及其人生信念。在感受侯绍裘的选择中，传承和发扬老一辈中国共产党党员身上"为中华民族的崛起，抛头颅、洒热血在所不惜"的革命精神。再通过与学员的互动问答，培养学员的爱国情感，让学员体会到幸福生活的来之不易，体会个人的社会责任感。

三、总结

1. 侯绍裘的生平事迹。
2. 侯绍裘的三次选择。
3. 侯绍裘的人生信念。

设计意图：通过课后小结，强化教学内容，再次感受老一辈中国共产党党员身上的历史责任感和使命感。达成让学员体会到信仰的力量和选择的重要性的思政目标。

四、布置作业

参观松江二中，瞻仰侯绍裘雕像，完成一篇学习体会。

设计意图：通过实地学习，强化教学效果，让学员感受到松江地区浓厚的红色文化。

教学反思

本课内容安排难易适中、进度合理，循序渐进，详细剖析了松江地区第一名共产党员侯绍裘的三次人生选择，以及他作出这些选择的原因，展现了革命先辈在历史发展过程中表现出的高度社会责任感和个人使命感，体现了一名中国共产党党员的政治觉悟及其为崇高信仰而献身的坚韧不拔的革命精神与革命人格。

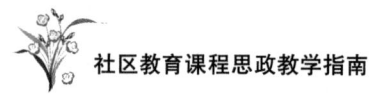

　　本节课在教学设计中,通过正反案例对比,强调了侯绍裘作出三次选择的不易,还增加了练习题、师生问答等互动环节,详细阐述了他作为初期共产党人所具有的崇高的理想信念,进而培养学员的爱国情怀,潜移默化中增强了学员继承发扬革命传统的自觉性、主动性。

　　本节课是直播课,教师在上课时运用了多种互动方式,调动了学员的学习积极性。

松江区中山街道社区学校　金骋

二十四节气之清明

教学目标

知识与技能：了解清明节气和清明节的来历；知道清明节的传统习俗。

过程与方法：通过观察、讨论、讲解等方法，了解关于清明节气与节日的相关知识；通过古诗吟诵，理解古人对于清明情感意境的表达；通过分享所见所闻，表达对生活内容的思考，将所学与实际相联系。

情感态度价值观：通过对清明节气、节日的介绍，让学员感受中华传统文化的博大精深，增进学员对传统文化的喜爱与共鸣；通过讨论清明祭扫，引导学员热爱自然、关注生态，体会在人与自然的协调发展下，建设美丽的中国与加强生态文明建设的重要意义。

教材分析与学情分析

一、教材分析

本节课是《二十四节气》课程中的第五课。本课将带领学员一起学习清明的节气和节日，通过讲解清明相关诗句，让学员从文字中感受清明的氛围。结合时事，在了解清明相关文化常识的基础上唤起学员热爱自然、关注生态的意识。教学时长为20分钟。

二、学情分析

本次授课对象为社区老年人。从学员的认知结构来说，在本课之前，学员已学习过立春、雨水、惊蛰和春分四个节气，对节气有了一定的了解，有助于本课的学习;从学员的年龄特征来说,学员的年龄均在六十岁以上,对于每个节气的自然特征了解比较多、人文方面比较少。从总体来看,大部分学员对于知识点的理解和记忆能力均有所减弱,对于已学的知识点需多加复习;个别学员文化积淀较为深厚,理解的速度较快,在小组讨论的活动中能充分发挥带头作用,通过带领他人一同学习再次巩固知识,营造互助共学的良好氛围,同时也起到了传播中华优秀传统文化的目的。

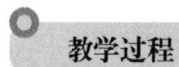

一、导入新课

1. 带领学员朗读《二十四节气歌》,简要回顾节气相关知识。

2. 提问:在二十四节气中,有哪一个节气它同时还是一个传统节日呢?

引入主题:清明。

设计意图:通过节气歌的朗读,使学员尽快进入到学习状态;同时感受汉语言文字的独特魅力,感受文字背后深厚的文化底蕴,以使用汉字为傲。通过提问导入本课内容,感受传统文化的精妙,感受中华文明的博大精深,树立自信、自强的文化观念。

二、新课讲授

(一) 清明节气

1. 通过图片与文字为学员讲解节气、气候和物候。

节气:清明这一天太阳位于黄经 15 度,在 4 月份的 4、5、6 日交节,每年清明的具体时间也是不同的,要看太阳正好位于黄经 15 度时的时间点。

气候:清明位于仲春与暮春之交,"万物皆洁齐而清明"(《历书》)。

物候:一候桐始华;二候田鼠化为鴽;三候虹始见。(释义:清明节气时,大自然中先是桐花开放,接着喜阴的田鼠不见了,全回到了洞中,然后是雨后的天空中可以见到彩虹了。)

2. 提问:清明时节农民们都在忙些什么呢?

回答：点瓜种豆、植树造林、油菜扬花、中稻播种育秧……

(二) 清明节日

1. 引导学员讨论寒食节与清明节的关系。

清明节，又称踏青节、行清节。清明节起源于寒食节，最早见于《周礼·地官·司烜》，其中记载："寒食之日，禁火三日。"后来，寒食节与清明节逐渐合并，成了一个节日。清明节起源于我国古代祭祀活动，是缅怀先人、祭奠英烈的重要节日。

2. 提问：江南地区清明节主要有哪些活动？

主要活动有：扫墓、踏青、插柳、放风筝、荡秋千……

重点介绍"扫墓"和"踏青"习俗。清明扫墓是慎终追远、孝敬先人的一种表现，是人们借以表达感恩之情，体现血脉相连的亲情之爱的一种活动。"慎终追远，民德归厚矣"（《论语·学而篇》），就是要谨慎地对待父母的丧事，恭敬地祭祀远代祖先，就能使民心归向淳厚了。所以祭祖充分体现了中华民族的孝文化。踏青，又叫探春、寻春。春暖花开的清明时节里，人们结队出游，在凭吊先人的同时，感受春天气息。

3. 教师出示"传统节日和对应美食连连看"小游戏（元宵节—汤圆、端午节—粽子、春节—饺子、中秋节—月饼、清明节—青团），引出清明节吃青团。由此，延伸到叶榭非遗美食：青龙饺、叶榭软糕、张泽羊肉。

设计意图：联系生活，使学员感受传统文化在生活中的体现。通过学习讨论了解清明节节令和节日的相关知识，感受不同地域之间民俗差异、文化差异，同时认可差异。感受家乡传统风俗的魅力，激发对家乡的热爱之情。通过小组讨论培养学员合作学习的能力。

三、延伸拓展：文字里的清明

1. 通过图示等引导学员列举清明相关诗句，并进行补充和讲解。

2. 带领学员诵读杜牧的《清明》，请学员讲述自己对诗句的理解，感悟诗歌意境。

3. 从诗中联系到如何文明祭扫，引导学员缅怀逝者，敬畏自然，保护生态环境。

设计意图：以《清明》古诗为载体，通过教师讲解、学员吟诵，让学员感受古诗的意境之美以及中华传统文化的博大精深。从清明节联系时事，通过对传统习俗的探讨唤起学员文明祭扫、热爱自然、关注生态的意识。

四、回顾总结

出示学习单，通过提问的方式带领学员回顾所学知识（括号内为提问内容）。

清明节是中华民族古老的节日，既是一个（扫墓祭祖）的肃穆节日，也是人们亲近自然、（踏青游玩）的欢乐节日。当太阳黄经达（15°）为清明节气，交节时间在公历（4）月（5）日前后。清明节除以上两个活动外，还有（插柳）、（放风筝）、（荡秋千）等活动。

清明节与（春节）、（端午节）、（中秋节）并称为中国四大传统节日。

设计意图：巩固课堂所学，检验学员学习成果。让学员再次感受中华优秀传统文化的魅力及清明节气的独到之处。让学员在清明节气里亲近自然，培养其热爱自然、关注生态的意识。

教学反思

教学效果：通过本节课的学习，学员了解了清明节气和清明节的来历，知道了清明节的传统习俗。通过学习清明节气，激发了学员对中华传统文化的认同，爱国、爱家乡的情怀，通过文明祭扫提醒学员的环保意识，激发对生态文明建设的认同感。

教学方法：本节课采用了观察法、讲授法和讨论法等多种教学方法，使学员在轻松愉快的氛围中学习知识，提高了学员的学习兴趣和积极性。通过观察、讨论、讲解，了解关于清明节气与节日的相关知识；通过古诗吟诵，理解古人对于清明的情感意境；通过分享所见所闻，表达对生活内容的思考，将所学与实际相联系。

教学不足：在教学过程中，部分学员对诗歌的理解还不够深入，需要教师进一步引导。此外，拓展活动的组织和实施还有待加强，以提高学员的参与度和活动效果。

改进措施：针对学员对诗歌理解不够深刻的问题，教师可以在讲解诗歌时，多举一些生活中的例子，帮助学员更好地理解诗歌的意义。在拓展活动中，教师可以设计一些有趣的游戏和比赛，激发学员的参与热情，进而传播中华优秀传统文化。同时，教师要关注学员的个体差异，给予不同水平的学员适当的指导和鼓励。

松江区叶榭镇社区学校　王叶

社区教育艺术修养系列

中国结之琵琶结

教学目标

知识与技能：了解中国结之琵琶结的由来及寓意，学会用单线编结法制作琵琶结。

过程与方法：在交流互动中，体会中国结中蕴含的中国传统文化内涵；在亲身体验中学会运用单线编结法制作琵琶结。

情感态度价值观：通过在导入阶段播放中文国际频道南京老年团的旗袍秀视频，挖掘视频中中国元素的关键词，突出中国传统文化的魅力和在国际舞台上的影响力；通过琵琶结的编结制作体会传统文化的魅力；课堂小结时，结合本节课的内容进行要点小结，并在此基础上达成情感升华，激发学员的民族自豪感和文化自信。

教材分析与学情分析

一、教材分析

本课出自校本自编教材《老年编结入门》课程中的第三章第一节，主要讲述中国结基本结式中琵琶结结式的由来、寓意，并教授运用单线编结法完成琵琶结结式的制作。本节课承接前两章《中国编结概述》和《中国编结艺术的特色》，对常见中国结结式进行详细介绍。通过学习，学员可以了解琵琶结的基础知识，为第四章中国结组合结的制作打下基础。本节课在教材中起到了承上启下的作用。本节课学习时长45分钟。

二、学情分析

  本次授课对象为本街镇的退休老年人,以女性为主。学员有一定的时间和精力参与学习,对于学习手工兴趣浓厚。学员大致分为两类,一类学员普遍乐于交流和展示,小部分学员对新事物接受能力良好,一部分学员有学习其他手工制作的基础;另一类学员没有编结基础,大多是初中学历水平,记忆力普遍有所退化,对知识的接受度差异较大,较排斥知识技能水平偏高的内容。

  鉴于此,本节课将生活中较常见的琵琶结(盘扣)作为首个中国结结式详细讲解的教学内容,为学员提供可分享的话题,提升其学习兴趣。课堂理论部分,在讲述琵琶结的由来及寓意后,教师鼓励对此感兴趣的学员在课后自学。课堂实践部分,通过教师示范、视频演示和自行操练,重点介绍琵琶结的编结制作方法,以期突破教学重难点。本节课还为学员设计了"琵琶结学习单",总结重点操作步骤,并附上操作视频的二维码,便于学员课后学习时反复观看、学习。课堂拓展部分的练习包括复习巩固和提高两项内容,供学员自行选择,以期更好地实现分层教学。

教学过程

一、视频导入(赏一赏 想一想)

(一) 观看旗袍秀视频并回答问题

1. 请谈一谈这场旗袍秀给了你什么样的感受。
2. 视频中有哪些中国元素。

(二) 教师讲授

教师:盘扣有很多种类,例如琵琶结、鱼型结、花型结、蝶型结等。今天我们要学习的就是其中的一种形式——琵琶结。

设计意图:使学员在轻松的氛围中进入本节课的学习状态。通过挖掘视频中的关键词,学员不仅可以感受到中国元素中蕴含的"优雅、从容、含蓄"等中国传统人文精神,也引出了本节课的主题。

二、新课讲授

(一)琵琶结的由来

1. 实物展示并提出主题:中国结之琵琶结。

2. 师生互动问答:仔细观察一下这个琵琶结,说说看这个母结形状像什么呢?

3. PPT展示并讲述琵琶结的由来。

设计意图:通过图文、实物结合的方式介绍琵琶结的由来,并为课后拓展的纽扣结自学部分做铺垫,同时从琵琶结的命名中体会到古人对"人与自然和谐关系"的理解。

(二)琵琶结的寓意

1. 师生互动问答:琵琶结有什么寓意?大家还记得我们上节课所讲的中国结的普遍寓意吗?

2. PPT展示并讲述:琵琶结的寓意。

设计意图:将知识点与学员生活经历结合,同时,联系上节课中国结的普遍寓意进行展开,在知识的生长点上获得答案;从结式的寓意中展开想象,体会古人对于"吉祥如意""富贵吉祥"等美好寓意的向往,引发学员共鸣。

(三)琵琶结的编结

1. 分组传看琵琶结结式样品并思考问题:琵琶结的编结方法,应该是以下的哪个选项呢?(A. 组合技法;B. 单线编结法;C. 多线编结法)

设计意图:通过观察初步知道琵琶结的编结技法,体会中华传统手工艺的精巧。

2. 教师对工具、材料进行介绍。带领学员清点工具,完成分发材料的核对。

设计意图:通过分发、清点工具及材料,帮助学员了解制作琵琶结所需的材料和工具,同时教师需做好使用安全提示。

3. 教师演示琵琶结编结过程并进行讲解。

4. 学员尝试用中国结粗线练习琵琶结的做法。

设计意图：通过教师演示、学员跟学的方式，降低学习难度。先"粗线"后"细线"，帮助学员由易到难、循序渐进地学习制作琵琶结。

5. 视频演示：复习制作过程，教师对重点步骤进行讲解。

6. 编结小结讲授："8"字绕线法；由外及内，由大到小；"大头＋小头"，对称结构。

设计意图：通过编制口诀，方便老年学员记忆制作难点，同时体会到中国结的对称、和谐美。

7. 学员二次制作：选用中国结5号编线完成琵琶结结式，过程中教师开展个性化编结指导。

设计意图：亲身实践中掌握制作要领，感受中国结艺的无穷魅力；个性化的教师指导有利于后进生跟上课堂进度，同时，有助于激发个别学员的创意想法的落地。

(四) 作品展示

1. 学员运用希沃白板展示作品。
2. 组织学员互评。

设计意图：通过展示评价，进一步巩固、提升编结操作技巧，体会中国结的美、古人的巧思和智慧。

三、回顾总结

(一) 本课回顾小结

师生互动问答：琵琶结的由来、寓意及其编结制作过程。

(二) 结束语

教师：从旗袍上一个小小的盘扣出发，我们对于结式的运用从实用装饰逐渐丰富到吉祥寓意的表达，彰显了中华传统文化的博大精深。一根红线经过编、缠、绕、穿等一系列手法编结成我们手上的琵琶结，其中展现的不仅仅是其美的形式、巧的结构，更是中华儿女对生活的总结与感悟、智慧与巧思。这些无一不表达了人与自然的和谐之美。

设计意图：总结本节课的要点和重点，并在此基础上对主题进行升华，达成本节课的思政目标。

(三) 作业布置

自学完成盘扣的另一部分。

教学反思

本课以中文国际频道的老年人旗袍秀视频为导入,不仅展现了中国的东方神韵,更是当今老年人精彩晚年的缩影,鼓舞老年学员勇于追求美、展示美。中国元素的提问使老年人对中国优秀传统文化产生了自豪感。对琵琶结由来与寓意的讨论,帮助老年学员快速了解了关于琵琶结的基础知识。学习琵琶结的制作则让老年学员在亲身体验中感受到中华优秀传统文化的魅力。

中国结的形态美、寓意美,古人含蓄的表达方式和对美好生活的向往,至今仍然影响着我们。今天的我们依然在不断地运用各种作品表达我们的内心,以更精湛的技艺创作展现新时代中国的"美",向世界展示着独特的东方神韵,传递着中国人民的智慧和文化。通过中国结编结制作,让我们同祖先思绪相连,也使我们与世界情意相通。

松江区小昆山镇社区学校　丁婉

为了家园 选择牺牲

——从《流浪地球》看中国人的家园意识

教学目标

知识与技能：通过观摩短视频回忆电影剧情，以交流互动等形式让学员认识到守土重迁和新愚公移山精神。

过程与方法：自主梳理人物关系，根据主人公的行进路径和推动情节发展的线索，把握细节描写的表现手法，并能概述电影的主要内容；通过讨论分析电影剧情和现实案例，分享自身经历，学会正确理解"大家"和"小家"的取舍与联系。

情感态度价值观：理解电影所传达的思想感情，感受《流浪地球》中所体现的中国人的"大家"与"小家"观念、故土情结；坚定社区学员支持中国科幻电影的理念，通过《流浪地球》这类优秀作品实现中国文化软实力在社区老年学员中的宣传和推广。

教材分析与学情分析

一、教材分析

本节课是《电影赏析课程》中的第二课，涉及《流浪地球》中的中国精神文化内核以及人类命运共同体精神等内容。《流浪地球》系列作为一个单元性的电影赏析课，主要包括以下内容：（1）中国科幻电影元年——《流浪地球》中的科学原理赏析；（2）为了家园、选择牺牲——从《流浪地球》看中国人的家园意识；（3）危难当前、唯有责任——从《流浪地球》中学习人类命运共同体的含义;(4)团结,才是人类文明的底色——在《流浪地球2》中学习人类命运共同体的内涵。

本课聚焦电影中的中国精神文化内核部分及角色的家园情怀。通过分析剧情及结合现实案例,学习中华民族在困境甚至绝境中对"小家"与"大家"关系的处理之道,以电影赏析的形式,培养社区居民的人文素养,提高对于文艺作品的鉴赏力。教学时长为30分钟。

二、学情分析

本次授课对象为社区老年人,年龄较大,文化程度普遍较低,对于科幻类文艺作品认识不足;学员的听力、视力、记忆力、理解能力等逐渐衰减,接受新知的能力较慢。因此,课程内容不可设置太多,以免学习者不能及时理解消化;课程节奏不可过快,以免学习者都跟不上学习进度;课程在交流过程中需多设置图片、视频等提示类信息,易于学习者理解。

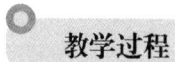

教学过程

一、回忆剧情、导入情境,揭示主题

(一)教师开场

教师:各位学员,大家下午好!欢迎各位学员再次参加今天的电影赏析课,上节课我们一起欣赏了《流浪地球》,感受了中国技术的发展最终造就了中国科幻电影的里程碑。

(二)学员回忆

学员集体回忆电影剧情梗概,自由发言调节课堂气氛。

(三)教师总结,推进课程

教师:但如果仅仅是这样,那我们可以说《流浪地球》是一部好看的科幻电影,真正让它成为一个里程碑式的电影,恰恰是科幻外衣下包含着的中国的传统精神和浪漫文化。今天让我们透过《流浪地球》来看看其中包含的中国特色价值观。

二、刘启、韩子昂祖孙三代的回家路

(一)师生讨论

教师：要了解其中的价值观，就得分析电影中角色的行为。那么，经过上节课的学习，《流浪地球》中给你留下最深印象的是哪一个角色？为什么？

学员：刘培强牺牲自己，引爆木星，拯救地球。

(二)课程推进

教师：大多数学员都认为吴京饰演的刘培强是最让人印象深刻的英雄，因为他引爆了木星，拯救了地球。但是很可惜，刘培强不是第一主角，在电影中真正把所有故事串在一起的线索人物是谁呢？（教师连接刘启、刘培强头像）

学员：刘培强的儿子刘启。

设计意图：将刘启作为线索人物，以板书的方式展示人物关系图，通过串联人物关系和出场的先后顺序，概括主要内容。

教师：整部电影从地球视角来看是一场木星引力危机下的人类自救行动，从剧中人物自身的角度来看，这一切的经历实际上是一场回家的旅途。

教师：故事始于一场回家之旅，在领航员空间站工作17年的刘培强完成任务，即将与亲人团聚。结果作为留守儿童的刘启不想面对父亲，带着义妹韩朵朵逃离了地下城，刘启为什么要逃离地下城的家？

教师播放电影片段1（MOSS宣布刘培强可以回家了和刘启准备逃离地下城的视频），师生带着问题观看。

学生：因为刘启进入地下城代表了与身患绝症留在地表的母亲分离，也代表了家庭的破碎，所以他憎恨做出这个决定的父亲刘培强。

教师播放电影片段2，师生共同赏析：兄妹不仅被发现盗窃重载车，被关入看守所，还遭遇了行星发动机停机事故，幸亏刘启的姥爷韩子昂及时开着一台重载车带着刘启兄妹和看守所相识的Tim（展示Tim头像）逃出生天，紧接着遭遇了王磊带领的救援队。

教师：为什么面对救援队，韩子昂选择拒绝停车？

学员：因为韩子昂想带着刘启、韩朵朵平安回家。

教师：对，这是韩子昂的试图回家的行为。相信面对危险和困难，普通人的第一反应也是要回家保护家人。其实作为救援队的王磊，救援目标是杭州，因为他的家人也在杭州。

教师：在木星危机救援任务的混乱中，韩子昂不幸牺牲了，他的遗愿是什么？

学员：让刘启带韩朵朵回家。

教师：刘启的姥爷韩子昂去世，刘启想安慰韩朵朵现在就带她回家，韩朵朵却质问"爷爷没了，我们的家在哪里"？大家可以说说看，韩朵朵这句话的含义。

学员：对于韩朵朵来说，收养自己的爷爷（韩子昂）牺牲了，家（庭）就没有了。

教师：刘启一行遇到了坠机的李一一和救援杭州失败的王磊一行，为什么刘启在已经可以直接带朵朵回家的时候还要坚持救援苏拉威西发动机？说的还是"一定要带朵朵回家"？

学员：刘启的家不是指自己的小家，而是地球这个大家园。

设计意图：学员在教师讲述的同时根据PPT所展示的视频来回忆电影剧情，与教师积极地进行交流互动；学员根据视频，交流讨论来分析刘启一行祖孙三代的回家阶段：离家→回（小）家→（小）家没了→保护大家（地球），分析剧中人物的心境变化和成长经历。

（三）情感引导

教师：刘培强选择冲向火束而不是逃向太空，为地球的存亡奉献了生命，就像刘培强一样，剧中所有牺牲的救援队队员，像老何、赵志刚，放弃了自己的小家，最终守护了地球这个大家园，为自己的家人们保留了生存空间，人类依然有着充实的希望，"大家"又惠及了"小家"。可以说，人类最终依然是"在家"的，从韩子昂去世，到刘培强牺牲，再到点燃木星这一计划成功，展现的从无家到有家的过程充满了崇高的诗意。

设计意图：由电影中人物海报，点出中国人的家园意识，懂得"家"是一种信念上的传递，是中国文化中最重要的部分。引导学员直观地理解中国人在绝境中对"小家"与"大家"关系的处理之道,以一种脉脉温情,展现了团结护家的图景。

三、安土重迁,中国人的传统文化精神

教师展示澳大利亚山火和重庆北碚山火的现场照片。

教师:为什么澳大利亚山火烧了6个月,我们重庆山火8天就灭了?

学员:中国的山火新闻图中有人在山火前线,澳大利亚的山火新闻图中只有袋鼠,没有人。

教师播放一分钟短片《面前是漫天山火,身后是万家灯火》。

教师带领学员朗诵:那张航拍的照片最能展现这场灭火战斗。画面中,一面是熊熊山火,一面是救援队伍,红色火焰和蓝色头灯形成了鲜明的对比,两道光亮组成了一个大大的"人"字。消防战士在火山之上英勇战斗,在火山之下的大后方,志愿者们组成了摩托大军、徒步大军。这是一座城的守望相助,每个人心手相连,便让这座山城无坚不摧,战无不胜。危急时刻,普通人奔赴火场;大灾面前,中华民族守护家园的精神昂然挺立。

课堂交流:在新冠防控期间,您曾为社区作过哪些贡献?

设计意图:电影剧情结合现实事件,以合作朗诵的形式,展现中华民族守护家园的精神,理解家园情怀是流淌在中国人骨子里的基因;社会责任感教育:以学员分享当抗疫志愿者的经历增强保护家园的责任感意识。

四、课堂总结,升华主题

(一) 教师总结

愚公移山的故事大家都知道,也许有人会问为什么不搬家,中国人的答案就是"我们不搬家"。安土重迁,建设家园这是我们中华民族的浪漫。它不是简单的权衡利害,然后说"我们绕过山去那边住""我们去海外殖民""我们开着这飞船逃生吧",而是"这里养育了我的祖祖辈辈,我要把山搬走,把我的家变得更好""这是我的祖国,一刻也不能分开""这是我们生长的地球,所以要带着地球流浪"的浪漫。

（二）课后小任务

在班级微信群中分享观后感，可以从内容、感悟进行讲述。

教学反思

（一）课程整体设计

《流浪地球》系列电影根据刘慈欣同名小说改编，故事设定在 2075 年，讲述了太阳即将毁灭已经不适合人类生存，面对绝境人类将开启"流浪地球"计划，试图带着地球一起逃离太阳系，寻找新家园的故事。这个宏大设定，让这部影片成为真正意义上的世界级制作、中国化内核的科幻作品。

《流浪地球》《流浪地球 2》很好地对中国近年来发展积累的国力进行了展示。影片不仅传达了中国的传统文化理念，还符合习近平总书记所提出的"人类命运共同体"等价值观。科幻电影在将来必将是中国传播文化软实力的重要平台，因此也需要在社区居民中加以推广，这也是设计本单元电影赏析课的初衷。

通过带领社区居民进行《流浪地球》系列电影的赏析，有助于增强学员对中国式科幻电影的接受和认同，感受中国科技与文化上的成熟，感受中国人民在天灾面前体现的担当。

（二）思政元素挖掘

科幻电影，是在现有科学伦理的基础上，经过一定的科学幻想和艺术加工，讲述故事的影视作品。因此科幻电影本身的制作，需要拍摄方掌握前沿特效技术、世界一流的讲故事能力、工业化电影制作水平等，这些必要条件需要拍摄的国家拥有强大的综合国力、经济实力、军事实力、科技能力。所以科幻电影本身就是一种国家实力自信的具象表现。同时，科幻电影《流浪地球》讲述的是众人合力拯救地球的故事，其中穿插了个人的牺牲与奉献，因重启发动机而牺牲的无名英雄、驾驶"领航员"空间站点燃木星的中国军人、中国航天员刘培强、俄罗斯航天员、联合政府观察员等角色的个人牺牲是拯救成功的关键。不同于美式的个人英雄主义，这是中国集体主义拯救地球的一次体现，是我国集体主义价值观与影视作品的一次成功结合。

中国人的家国情怀和价值观同样可以呈现优秀的影视文化作品。这部作品,这部电影为人类命运共同体的宣传和国家形象的塑造提供了积极的启示。通过带领社区老年人集中收看《流浪地球》系列电影,从科技特效、人文情感、价值观等角度对电影的拍摄手法进行分析,有助于增强学员对中国式科幻电影的接受和认同,感受中国科技与文化上的成熟,感受中国人民在天灾面前体现的担当。

(三) 教学成效

本课内容安排难易适中,进度合理,循序渐进,带领学员详细剖析了《流浪地球》中刘启祖孙三代在不同情况下对于"家"的选择,以及作出这些选择的原因。通过正反案例对比,引出中华民族与生俱来的家园意识,并在学员中加以推广。

(四) 后续改进思路

在后续的电影赏析过程中,可以尝试让学员在观看电影的过程中在便签上记录其中有趣的小细节。通过发现电影中的"彩蛋",感受制作方在拍摄电影过程中一丝不苟和尊重原著的精神。

松江区石湖荡镇社区学校　陈臻

立体纸花之荷花

教学目标

知识与技能：了解新浜的历史与发展、新浜荷花节以及荷花的风格；熟练掌握荷花（花瓣、花蕊、莲蓬）的制作方法，包括折、剪、粘等技巧。

过程与方法：通过创设情境、知识讲授等方式，了解新浜的历史与发展、新浜荷花节以及荷花的风格。课前，在基于翻转课堂的混合式教学模式下，学员观看微课，初步学习荷花的制作；课上，通过动画演示、板书展示、学具辅助、举例类比等方式，再次学习并熟练掌握荷花的制作方法，并以小组为单位完成荷花的制作。

情感态度价值观：通过了解新浜的历史与发展、了解新浜荷花节、品读荷花的风格，以及合作完成一朵荷花，感受新浜新农村建设带来的变化和新浜深厚的荷文化，增强家乡自豪感、爱家乡、爱新农村的思想感情。

教材分析与学情分析

一、教材分析

本节课选自校本教材《立体纸花》中的第八课。本课制作材料为生活中最常用的 A4 纸张，将其通过折、剪、粘等技巧制成一朵盛开的荷花。一朵朵漂亮的荷花，可以装扮老年人的生活，也可以陶冶他们的情操。制作纸花的过程不仅是一种体验，更是一种享受。老年人通过制作荷花，锻炼了手指、大脑；通过观察、动手、展示、交流等活动，老年人手、眼、脑三位一体的综合协调能力得到提高，还能增强他们的观察力、创造力、想象力和形象思维能力。教学时长为45分钟。

二、学情分析

本次授课对象为中老年学员,由于我校地处农村,大部分学员是农民,日常从事的是体力活,而纸花的制作属于细巧活,因此,制作荷花对于他们来说是个不小的挑战。再者,随着年龄的增长,老年人身体的各项机能(如眼力、记忆力、手的灵活度等)都在逐渐下降,导致他们的动手能力较弱。此外,学员学习基础也存在一定的差距。但通过学前动员、观看微课、回忆家乡荷花盛开的美景等,激发了老年人的学习兴趣,使他们对动手制作荷花充满期待。

教学过程

一、创设情境,导入新课

(一)了解新浜

教师提问:你们知道新浜以前叫什么名字吗?

学员回答预设:芙蓉镇或者不知道。

教师介绍新浜的历史与发展。

教师提问:新浜是上海市新农村建设九大试点镇之一,在新农村建设中,我们的生活有发生哪些变化吗?

学员回答预设:可以从居住环境、交通设施等方面回答。

教师根据学员回答总结概括。

设计意图: 通过了解新浜的过去与现在,使学员感受新浜在新农村建设中发生的翻天覆地的变化,感受到我们新浜老百姓的生活变得越来越美好、越来越幸福,从而增强学员的家乡自豪感,爱家乡、爱新农村的思想感情。

(二)赏·荷姿

教师提问:我们新浜每年夏天都有一个节,你们知道是什么节吗?

学员回答预设:荷花节。

教师介绍新浜荷花节的由来与概况,学员欣赏荷花。

设计意图: 由新浜的历史和新浜新农村建设引出新浜荷花节,使学员了解新浜荷花节,感受新浜深厚的荷文化,进一步增强他们对家乡的自豪感,以及爱家乡的情感。

（三）成品欣赏

教师展示成品荷花,学员欣赏。

教师布置本节课的学习任务：两人一组,合作完成一朵荷花的制作。

设计意图：通过欣赏成品,激发学员学习兴趣,同时,引出本节课的学习内容,并明确学习任务,为接下来的学习做铺垫。

二、新课讲授,动手制作

（一）品·荷风

教师介绍荷花洁身自好、清正廉洁的高尚品格,以及荷花合作、和谐的寓意,带领学员读一读、品一品古文对荷花的赞美："出淤泥而不染,濯清涟而不妖",使他们更深入地感受荷花的特质。

设计意图：通过品读荷花的风格,使荷文化植根于学员的思想,积极培育时代新风。

（二）介绍制作材料与基本步骤

通过课前的微课学习,学员对制作荷花所需要的材料、材料的用途、制作的基本步骤等已有所了解。课上,教师以提问的方式带领学员对基础知识进行梳理：（1）荷花的组成：花瓣、花蕊、莲蓬;（2）制作材料：花瓣用的是粉色方形纸,共需四张,花蕊和莲蓬用的是黄色方形纸,各需一张;（3）基本步骤：折、剪、粘。

设计意图：通过梳理,学员更清楚地知道荷花的组成、所需的材料及用途,再次熟悉制作荷花的基本步骤,为接下来的动手制作环节做好准备。同时,以提问的方式,增加互动,体现学员的主体地位和教师的主导作用。

（三）做·荷花

荷花的制作分为花瓣、花蕊和莲蓬三部分。在制作方法上,折和剪的阶段,三者相同;粘的阶段,莲蓬和花瓣、花蕊有所区别。教师通过动画演示、板书展示、学具辅助、举例类比等方式教授荷花的制作过程。学员两人一组,合作完成一朵荷花。

1. 教学阶段与形式

折的阶段：以提问的方式引导学员用自己的话说出制作步骤。学员跟着教师一步一步地学习折的步骤。

剪的阶段：教师先带领学员对课前作业中存在的典型问题进行分析，然后对剪的步骤与要点进行讲解演示。学员跟着教师一步一步地学习剪的步骤。

课堂练习：学员以小组为单位，完成剩余纸张折和剪部分的制作。

粘的阶段：先由教师对粘的步骤与要点进行讲解演示，再由各小组分工合作，完成莲蓬的粘合和荷花的组装。

2. 制作步骤及要点

折：(1) 将正方形纸张沿其中一条对角线对折；(2) 沿直角三角形底边上的中线对折两次；(3) 沿其中一条直角三角形直角边上的中线对折。

制作要点：注意边对边对齐，以及折的规律（口诀：左手不动，右手动）。

剪：(1) 用剪刀将折好的部分修剪成长弧形的花形；(2) 全部展开，将每一片剪开，大约剪至凹槽点与中心点连线的三分之二处；(3) 将剪开的每一片同方向对折。

制作要点：花形的修剪呈现的是长弧形（使用花形模板辅助），注意剪开每一片时的位置和尺寸，保证剪的长短大致一致，不要过长或过短。

粘：(1) 将第一片的右侧涂上胶水，与第二片的左侧相连，再将第二片的右侧涂上胶水，与第三片的左侧相连，以此类推，形成莲蓬；按照粉色花瓣、黄色花蕊、黄色莲蓬的顺序由下至上依次进行粘合。

制作要点：粘莲蓬时要紧密，不能松散，且底部是平的。无论是粘莲蓬，还是粘花瓣和花蕊，都是折痕凸起的一面朝上；粘合时，上层和下层要交错开，让荷花成型更逼真（以生活中拍集体照为例）。

设计意图：一方面，以小组合作的方式，培养学员的团结协作能力，提升班级学员的凝聚力；另一方面，教师通过动画演示、板书展示、学具辅助、举例类比等方式，突破教学重难点，使学员能有所进步。

三、展示交流,评价总结

(一) 展示交流

以小组为单位,上台展示成品,并交流学习体会。

(二) 评价总结

课堂总结,用一首小诗结束本节课(浦江源头在松江,我的家乡在新浜。新农建设排头兵,荷花招展数第一。)。

设计意图: 通过交流展示、教师总结、朗读小诗,提升学员的获得感,并使学员对家乡的自豪感和热爱之情得到进一步升华。

四、作业布置,加强巩固

学员将本节课的学习内容分享给家人和朋友,和他们说一说新浜的荷文化,教他们做一朵代表家乡特色的荷花。

设计意图: 一方面,学员可以再次巩固本节课所学的内容;另一方面,使老年学员树立起长者风范,让家乡情怀感染更多人,让新浜深厚的文化底蕴被更多人所熟知。

教学反思

爱祖国就要从爱家乡做起。本节课从介绍新浜的历史、新浜新农村建设给新浜百姓生活带来的变化讲起,激发学员对家乡的自豪感。其中,荷花节可以说是最能代表新浜的一个品牌,它使新浜走出了一条文旅融合的发展之路,增强了学员对家乡的热爱之情,进而促使学员想要学做一朵代表家乡特色的立体荷花。而做这朵荷花的过程其实也是爱家乡的一种体现。本节课将思政内容融入于手工课程中,使手工课不单单停留在动手操作的层面,而是赋予一种新的内涵,实现课程思政。

松江区新浜镇社区学校　张昕懿

社区教育健康教育系列

艾灸养生之春分节气篇

教学目标

知识与技能：了解顺时养生的理念、顺时选穴的思路、穴位的定位；掌握主要的艾灸操作手法和顺时导引功法。

过程与方法：主要包括讲授法、提问法、情景教学法、线上线下实操法、趣味游戏、演示法等。

情感态度价值观：本课程从艾灸入手，将中医中诸如"顺时顺势""和谐适度""修德省身""涵养正气"等理念，深入浅出地传达给学员，引导学员热爱、传承、弘扬中华优秀传统文化，坚定文化自信，增强爱国情怀。

教材分析与学情分析

一、教材分析

本节课是艾灸养生课程中的第一课，旨在了解顺时养生的理念、顺时选穴的思路、穴位的定位；掌握常用艾灸手法，引导中老学员顺春分之阴阳平衡节气修养身心。

本课旨在帮助学员认识节气灸的重要性，懂得顺时养生的概念；同时，在介绍艾灸手法时，通过实操，帮助学员亲身体会正确的艾灸手法及艾灸带给身体的直观感受，并在其操作过程中及时纠正一些错误的手法。教学时长：30分钟。

二、学情分析

本次授课对象为社区居民。学员文化水平和年龄差异较大，中医理论知识方面为零基础,对艾灸普遍不太了解,甚至还有很多误解。因此,教师需通过深入浅出、灵活变通的教学方法把一些基本问题讲透、讲明白,让每一位学员了解并有收获。

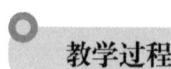
教学过程

一、导入品茶

（一）教学活动预设

课前准备：春分节气养生茶品鉴。

（二）学员活动预设

通过品茶使学员借助场景模式直接进入日常养生食疗部分。

二、引出课题——艾灸养生之春分节气篇

（一）教学活动预设

1. 出示本节课的关键词：春分。

2. 阐释春分节气特点：春分这天正好昼夜平分,阴阳各半,此时的节气特点是阴阳平衡,而养生也要讲求"平和",以和为贵,以平为期,故春分养生最相宜。

（二）学员活动预设

学员能充分感受到春分这个节气的特点,对节气的重要性有所认识和了解。

设计意图：通过品春分节气养生茶,请学员猜猜此养生茶的材料,引入春分节气的特点和相应养生内容,体会饮食养生丰富的文化内涵及对各领域的影响。教师讲授节气知识,引出顺时养生理念,引导学员尊重、爱护和顺应自然,形成和谐观念,人与人、人与社会、人与自然和谐相处。

三、春分节气导引功法

（一）教学活动预设

1. 教授学员"搓大椎""护风门"。

2. 教授学员"金鸡独立"。

(二)学员活动预设

1. 动手搓一搓,掌握春天穿衣注意事项。

2. 在教师示范下,一起正确练习"金鸡独立"。

四、春分节气穴位按导和艾灸

(一)教学活动预设

教授穴位与艾灸相关知识:(1)春分节气穴位选穴思路;(2)阳池穴的定位、按导和施灸;(3)神阙穴的定位、按导和施灸;(4)阳交穴的定位、按导和施灸。

(二)学员活动预设

1. 找一找身体上对应春分的经络。

2. 找到穴位,并跟着教师实操按导和施灸。

3. 在教师的示范下,进行揉腹实操。理解有关神阙穴实操的其他内容后回家实践。

4. 理解有关阳池穴实操内容后回家实践。

设计意图: 通过教师理论指导与实践示范操作要领,引出春分节气的选穴思路。同时在教学中采用线上线下互动,确保每一位学员找到穴位并掌握按导和施灸方法。教师指导学员找准穴位,掌握科学养生方法,弘扬科学精神和专业精神,使得学员逐步建立科学健康认知。

五、学习归纳

(一)教学活动预设

总结与回顾春分养生,并给予温馨提示:(1)起居:晚睡早起;(2)饮食:宜甘少酸;(3)着装:调适寒温;(4)运动:户外为宜;(5)保健:门窗多开;(6)养生:勤泡脚(改善睡眠、提高免疫力)。五天一候一灸,主动养生,健康一生。

(二)学员活动预设

一起读一读、品一品教师给予的温馨提示。

设计意图: 通过教师归纳,总结本堂课的学习要点,进一步体会中医养生在日常生活中的作用,培养学员日常养生的习惯。明白人与自然要和谐相处的道理,适应自然、顺应自然、尊重自然、热爱自然。学习用辨证论治、整体全面的中医思维指导实践。避免头疼医头,脚疼医脚。领悟贯穿治疗始终(养生防病、辨证论治、病后康复)的中医整体思维。

六、课后活动

(一)教学活动预设

课后游戏:春分节气文化传统小游戏——竖蛋。

(二)学员活动预设

一起动手做游戏,竖鸡蛋过程中感受自己平和的心态。

设计意图:通过学员的动手活动,学员体验春分节气的民俗,让学员感受中华优秀传统文化的魅力。

教学反思

思政设计:本课以中医基础知识和艾灸实用疗法为基础,提升学员的传统文化素养,使其了解传统医学的魅力。以春分节气养生为例,将"顺应自然""天人合一"等看似深奥的概念简化,引导学员将气候、环境等因素与自身身体健康结合起来,告诉大家每个节气都是养生和防病、治病的节点,如果调节内在的频率,顺应节气来调整日常生活,就能起到事半功倍的养生效果。

教学成效:通过课堂现场实践导引功法练习和艾灸实操,让学员切实感受到身心发生的变化。同时,学习到了中医的顺时养生的基本原理,认识到中医传统养生方式的特点,使其喜欢上这种养生方式。

课程小结:春分这天正好昼夜平分,阴阳各半,此时的节气特点是阴阳平衡,而养生也要顺应节气特点,讲求"平和",以和为贵,以平为期。所以从春分节气特点引发哲思,更能引导学员了解春季养生如何注意自己的身心健康,学会以积极、豁达、给予、赞美、平和的心态生活。

松江区小昆山镇社区学校　沈慧

盖碗的使用

教学目标

知识与技能：了解盖碗的实用性和文化内涵。学会盖碗的使用手法。

过程与方法：通过使用盖碗，提高品茗中察色、嗅香、品味、观形的能力。

情感态度价值观：加深对盖碗这一茶器具的了解，增添品茗乐趣；培养日常饮茶的生活习惯，增进身心健康，提高生活质量；感受中国茶文化的源远流长，增强文化自信。

教材分析与学情分析

一、教材分析

本课属于社区茶艺课，是上海市松江区社区学院编写的《茶艺欣赏》之"茶之具"部分的第二课，重点是学会盖碗的使用手法，体会盖碗在泡茶、品茶中的使用乐趣。所谓"器为茶之父"，泡茶器具的使用对每一次茶品的冲泡和品鉴都尤为重要。学员通过学习本课能灵活地使用盖碗，提升对茶叶色、香、味、形的品鉴能力。教学时长45分钟。

二、学情分析

本堂课的教学对象为学校茶艺课的学员，以社区中老年人为主。他们具备一定的理解能力和学习需求，但记忆方面比较薄弱，所以一堂课不宜教授过多知识点，学过的内容也需要不时地复习巩固。在本堂课之前，学员们已经学习了理论知识，知道六大茶类以及不同茶品的冲泡方法等基础茶艺知识，但实操作动作还略显生疏,学习盖碗有助于后期的深入学习。另外,学员平时也都会使用盖碗喝茶,但常反映不会用或是烫手等,本节课可以对常见问题进行集中解答。

 教学过程

一、创设情境　导入新课

"器为茶之父",茶具可真实地反映茶叶的色香味,对茶叶品质的体现尤为重要。盖碗在明清时期出现后一直和紫砂壶同为"茶器双星",喜欢喝茶的人家中或多或少都可能有一两个盖碗,还有不少人会收藏盖碗。但许多初学者常常会觉得盖碗容易烫到手或是水容易洒出来而抗拒使用盖碗。所以,这节课就来说说盖碗的使用,看看这里面到底有哪些门道。

设计意图:指出盖碗的地位和学员使用上的困扰,引出主题:盖碗的使用。介绍盖碗在中国茶文化历史上的地位,令学员对其产生向往。

二、新课讲授　感悟心得

(一) 盖碗的巧妙之处

1. "一妙"妙在寓意

盖碗又被叫作"三才杯",盖象征天、碗象征人、托象征地,三个部分组合起来寓意天地人和。从盖碗的形制看整体造型是一个圆的样子,盖被茶碗包含,碗又被盏托包含,整个器物被囊括于盏托之中,好似万物滋长于天地间,人为"顶天立地"之人,每个组成部分既独立为主体,又相互依存、相互衬托。盖碗茶具不仅具有功能性,还体现了中国人"天人合一"的哲学观与包容万物的豁达胸襟。

2. "二妙"妙在一物多用

(1) 可供单人使用,也可多人使用

作为一个主泡器,由盖碗冲泡茶叶之后再倒入公道杯中,待茶汤均匀后再分给各位茶客。

（2）古代可用于传递信息

古代茶馆用盖碗喝茶时，盖碗还有传达暗号的作用。每一种盖碗的摆放，都蕴含了不同的意思。

小游戏：摆放四张盖碗的图片，分别代表客人想添水、短暂离开、喝完了和赊账四种情况，让学员猜一猜每张图片对应哪种意思。

3."三妙"妙在作为泡茶器的实用性

品茗讲究察色、嗅香、品味、观形：察色即看汤色，嗅香即闻香气，品味即品滋味，观形即看叶底。这四点代表茶叶审评中内质方面的四个因子。一般来说，品质好的茶，汤色清透明亮，香气馥郁持久，滋味醇厚，叶底柔嫩明亮。以上四点对品茗来说十分重要。

盖碗作为泡茶器的实用性就体现在其是否便于我们完成上述四个动作。

教师演示用盖碗冲泡龙井茶（三只盖碗），请一位学员奉茶至两个学习桌上。

教师指导每个方面的操作方式及注意点：先闻香，后察色；察色注意光线；闻香注意呼吸。

学员通过察色、嗅香、品味、观形，思考讨论盖碗在这四个方面上的实用性。学员分为两组，一组着重思考察色、嗅香，另一组思考品味和观形。

教师询问结果。

两组学员逐一选人回答。

预想结果：

察色→盖碗开口大，白瓷的质地，有利于观色。

嗅香→瓷器不吸味，最适宜冲泡绿茶、花茶，或是香气较高的一些茶，能将香味散发出来。闻盖香，既方便也美观。

品味→盖碗茶的茶盖放在碗内，若要茶汤浓些，可用茶盖在水面轻轻刮一刮，使整碗茶水上下翻转，轻刮则淡、重刮则浓，是其妙也。

观形→方便观察叶底。

设计意图：这一环节让学员了解盖碗的文化内涵和实用性。同时，通过问答、游戏、观察、思考，增加师生互动，提高学员参与度和学习的自主性。从盖碗的寓意、一物多用和实用性等角度逐步让学员了解,盖碗看似简单,但经历历史长流,每一个细节设计的背后都是先辈智慧的结晶。盖碗的使用不但蕴含了中华民族天地人和、包容万物的处世观念,还体现了古代茶馆的市井百态。在日常泡茶过程中,盖碗也更有助于人们品鉴茶叶的优劣,建立正确的健康观念。

(二)盖碗的使用手法

1. 学习手法

日常冲泡时,盖碗有两种使用手法。

教师播放视频并讲解。

方法一:常用,出汤时先留缝。留缝即碗盖与碗身要留一条缝隙。缝隙不宜过小,以免出水不畅,也不宜过大,以致茶叶流出。留缝之后,我们以食指按住盖钮,拇指及中指夹在侧边,然后将其拿起来。注意三点一线,缝隙在中间,这样就可以出汤了。

方法二:较为豪迈,同样先留缝,双手大拇指食指同时扶住盖碗沿口,右手换成上下托住,掌心悬空,沿盖碗开口翻转手腕,就可倒出茶汤。

方法二多男士使用,且对手掌大小有限制。日常使用以第一种为主。

学员进行冷水无茶叶练习。

2. 注意防烫

许多人拒绝使用盖碗通常是因为怕烫手,只要注意以下几点就可避免:

(1)寻找较低温的位置

(2)不要注水过多,溢出碗沿

(3)除了三指拿碗,其他手指不要触碰碗身

(4)出汤时手不要倾斜或犹豫不决

教师就每一点进行图片或视频讲解。

学员进行热水无茶叶练习。

3. 灵活运用

教师指导动作,告知使用得更自然的要点:手掌的切入角度要小,抬高的是手腕而非手肘。

学员选择喜欢的茶叶(两款茶品供选择)冲泡,注意动作流畅,兼顾察色、嗅

香、品味、观形,体会品茶的乐趣。

教师巡视、指导学员冲泡品茗。

教师询问:学习了盖碗的使用,品茗的过程有什么改变吗?

学员根据自己的体验回答。

设计意图:这一环节主要是手法的掌握,虽然动作不难,但细节很多,差之毫厘失之千里。所以需将动作分解,需放慢动作。通过冷水无茶、热水无茶和热水有茶三步操作,让学员循序渐进地逐步掌握手法,最终能以盖碗为泡茶工具,享受泡茶、品茶的乐趣。茶具的使用过程要求茶人稳定心神,全心全意,关注茶品的变化。学员冲泡的练习也是在培养茶人的君子之风、淑女之德,感念圣贤的智慧。

三、资源交流　总结升华

教师:盖碗的使用并不难,只要注意一些细节,加上一定的练习。茶叶是世界公认的健康饮品之一,通过学习茶艺,希望大家能建立正确的科学观、生命观与健康价值观,养成日常饮茶的好习惯。也希望大家今后能够多冲泡、多品饮,慢慢体会盖碗为品茗带来的独特雅趣。

课后作业:练习盖碗的使用,在冲泡、品饮茶品中体会盖碗为品茗带来的趣味。

欣赏一组精美的盖碗图片,课程结束。

设计意图:总结并布置作业,巩固知识点。学员在欣赏不同年代不同器型盖碗图片的过程中,感受历史的厚度和茶人的智慧与用心,展示了我们的文化自信。

教学反思

课程主题由学员需求出发,文化内涵丰富,具有趣味性和可操作性,激发学员求知欲。运用多种教学方法,内容由浅入深,符合学员认知规律,凸显学员主体地位。茶艺为中华优秀传统文化,在环节设计中,注重体现茶道和、静、怡、真的文化内涵,增强文化自信。

教学成效检验上有待提高,还要有更丰富的学员评价模式,多给学员展示的机会,鼓励学员进行自评与互评。

松江区九亭镇社区学校　周颂鸥

一双筷子的学问

教学目标

知识与技能：了解并认识筷子；能更科学地挑选、使用筷子。

过程与方法：通过知识讲授、提问思考、动手操作等方法，了解筷子文化，学会如何挑选、使用筷子。

情感态度价值观：通过了解筷子文化，增进中华优秀传统文化在生活中的认同与传承，增强民族自豪感，感悟中华民族文化自信。

教材分析与学情分析

一、教材分析

《健康"慧"生活》是我校乡村茶馆课堂的一门课程，主要教授居民一些日常生活中容易忽视的却又实用的小常识，每课内容都相对独立，关联性较小。本课《一双筷子的学问》教学内容分为在历史中认识筷子、在生活中用好筷子、在文化中读懂筷子三部分。重点在如何科学选择自己和家人的筷子，难点在于理解筷子的文化内涵。

二、学情分析

本次授课的对象为社区居民，并且多为中老年人。通过先期的随机访谈，发现居民对于筷子的认识更多地停留在筷子的使用上，关注点多放在健康用筷上，关于筷子使用的礼仪也多有了解，但对于筷子的历史、文化了解较少。中老年人虽有较丰富的经验积累，但是对于知识的接受能力相较于青年而言较弱，这就对课程的准确性、丰富性、趣味性、实用性提出了更高的要求。

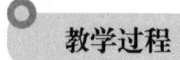

教学过程

一、情境导入

（一）展示图片，事件回顾

教师：某外国时尚品牌发布了一个宣传片，片中一个亚裔模特一边拿着筷子，一边表情夸张地说："今天我将要给大家展示如何用这个小棍子形状的餐具来吃我们伟大的玛格丽特比萨。"这种举止引起了我们国人极大的不满。后果就是本该在上海举行的品牌秀被取消了，很多电商纷纷下架了他们的商品。他们怎么也没想到一双小小的筷子，会引发这样一场轩然大波，他们更不理解的是为何一向温和、宽容的中国人这次突然被激怒了。

（二）引出课题

教师：他们不懂中国筷子，更不懂筷子对中国人意味着什么。中国人食不离筷。拿起筷子，我们握着的是生活，连着的是历史，挑起的是文化。我们的自信不体现在抗议上，而是渗透在生活中。正如习总书记所言，各种文明本身没有冲突，只是要有欣赏所有文明之美的眼睛。今天就让我们带着寻找美的眼睛，一起探寻《一双筷子的学问》。

设计意图：以社会热点事件引起学员对于筷子的关注和对筷子含义的思考。

二、课程新授

（一）在历史里，认识筷子

1. 筷子的由来

教师：据相关文献记载，筷子在中国至少有三千多年的历史。关于筷子的由来，也众说纷纭。有姜子牙受神鸟指引折丝竹试烧肉的版本，有妲己为讨纣王欢心拿玉簪喂肉的版本，也有大禹忙于治水为省时拿树枝取肉的版本。虽然神话各有不同，但是筷子出现在中国却绝非偶然，随着文明的发展和饮食烹调的改进,从手抓到用筷子是历史推衍的必然结果。可是大家知道吗,筷子曾经并不叫筷子,那么它叫什么呢?

教师出示"梜""箸""筷"的图片。

教师:我们一起来读一读。(出示"梜")第一个字读什么?(学员试读)读 jiā(和"家"同音)。先秦时称"梜",礼记有云"羹之有菜者用梜",也就是说,先秦时候的筷子不用来吃饭,而是用来夹羹里的菜,有点类似于我们今天夹油条的筷子。

(出示"箸")第二个字读什么呢?(学员试读)读 zhù,(和"停住"的"住"同音)。汉时开始称之为"箸",并沿用至明清。那么筷子何时开始叫筷子呢?

(出示"筷")明朝陆容在《菽园杂记》说,吴中一带的民众因为"箸"与停住的"住"谐音,船家最怕船抛锚,所以改"箸"为"快儿",意思是让船快行。根据汉字以形表义的功能,人们很自然地加了个"竹"字头,于是就成了我们今天的"筷子"的"筷"了。

2. 筷子的演变

每位学员观察手中的筷子(形状,材质)。

教师:随着文明的发展,筷子除了名字的变化,在材质外形功能方面都发生了很大的变化。以造型为例,我们现在的筷子上方下圆的造型素有"上端有棱,手握不转;下端光滑,不伤唇舌"一说,但是这种造型是从明代才开始的。明代以前的筷子多以圆形居多。实用之外,也有学者认为,筷子的造型带着中国人"天圆地方""天地人和"的哲思。

设计意图: 通过了解筷子的由来和筷子的演变,在历史里认识筷子,激起学员对于筷子的兴趣和民族自豪感。

(二) 在生活里,用好筷子

1. 筷子的选择

(1)家庭用筷

小调查1:各位学员,请问你推荐大家使用什么材质的筷子?(若没有说用塑料筷及彩漆筷的,则追问有没有学员家里使用塑料筷或彩漆筷的,若没有,就问不用的理由)

小结：推荐使用竹筷、(本色)木筷。竹筷、木筷环保安全,天然无毒,使用轻便,夹食物不容易滑落。但是这两种筷子容易受潮发霉,所以一定要定期消毒,清洁到位。可以使用金属筷。金属筷耐高温,容易清洗,不易藏污纳垢。但是它们的导热性较强,高温使用容易烫嘴,而且比较重,老人和小孩可能不方便使用。不建议使用彩漆筷、塑料筷。彩漆筷和塑料筷胜在外观精致。彩漆筷的彩漆容易脱落,漆中的苯、重金属等有害物质就会进入人体;塑料筷比较脆而不耐高温,长期高温使用容易变形,从而有塑化剂等有害成分析出。特别是有孩子的家庭,尽量避免给孩子用这两类筷子。

(2) 餐厅用筷

小调查 2：在外就餐,你会选择使用一次性筷子吗？为什么？

提问：卫生筷真的卫生吗？

出示照片：黄渤的实验。

出示实物：泡过水的一次性筷子。

小实验：一次性筷子二氧化硫检测(卫生筷不卫生)

小结：一次性筷子多为竹制或木制,由于原料颜色深浅不一,需要漂白,漂白就需要添加化学用剂,有些不法商家选择使用工业硫磺对筷子进行熏蒸,所以二氧化硫残留会超标。同时还会使用工业石蜡对其进行抛光,但最重要的消毒步骤可能直接就被忽略了。甚至有些不法商家回收废弃的一次性筷子,简单加工后进行再次销售。为了健康,也为了环保,请大家尽量减少使用一次性筷子。如果真的需要使用,请选择包装纸上印有正规厂家的一次性筷子。

2. 筷子的使用

(1) 清洁保养

提问：筷子怎样清洗最合适？

结论：搓不是好方法,因为容易损伤筷子的保护层,且不容易清洗干净。

清洗：一根根洗、流水下冲洗。

保养：沥干,筷子头朝上,置于通风处。

(2) 更换

出示实物照片：不同使用时间的筷子。

提问：请问这几双筷子是否需要更换了？

支招：如何判断是否该换筷子了？

一看：是否变形、发霉。

二闻：是否有异味。

三摸：是否感觉毛糙。

设计意图： 通过引导学员讨论、观察、实验、总结等方式唤起学员的问题意识，激发学员思考、质疑，让学员在动手操作中掌握科学的知识和科学的思维方法。同时，不同材质筷子的辨析，也有助于学员更好地了解自己的行为和健康状况对家庭、社会和国家产生的影响，从而在日常生活中更好地履行自己的社会责任。

(三) 在文化里，读懂筷子

1. 筷子的礼仪

提问：请问学员们，我们动筷吃饭时有什么规矩吗？

(学员：筷子不插在碗里；筷子不能在菜里翻搅；不吸筷子……)

小结：餐桌上不能疑筷、脏筷、连筷、吸筷、指筷、供筷，这些是不礼貌而且没教养的行为。一双小小的筷子也体现了家风与家教。

2. 筷子的情感

教师：中国人的筷子里有礼仪，西方的刀叉里也有。筷子七寸六分，代表了七情六欲，最动人的莫过于一个情字。

品读小诗《西餐》(赵恺)。

教师：筷子架起了人与食物之间的桥梁，同时也架起了人与人之间情感的桥梁。

教师：央视的一个公益宣传片感动了无数人，它讲述的就是筷子中的中国情。

播放视频：你真的懂筷子吗？

小结：从生疏到熟练，从拿起到放下，这是一种耳濡目染，这是一种言传身教，这是一种中国人无法割舍的情怀。多一双筷子，多一份温情。筷子，承载了中国数千年的情感。一双筷子易折，十双筷子坚韧如钢，这就是中国筷子，这就是中国精神！

设计意图：通过经验分享、观看视频体会感悟的方式让学员了解筷子的礼仪文化和体验筷子的文化内涵。

三、课堂总结

（一）板书小结

师生共同回顾课程内容。

（二）发出倡议

我们在历史中认识筷子，是为自信；我们在生活中用好筷子，是为健康；我们在文化中读懂筷子，是为传承。今天，除了正确使用筷子和热爱筷子文化，我们还要把筷子的故事传递给孩子们，因为这是我们对现有生活的感念，更是我们对传统文化的传承。习总书记告诉我们，只有坚持从历史走向未来，从延续民族文化血脉中开拓前进，我们才能做好今天的事业，所以我们要有文化自信。最后请大家一起自信地说出："用筷子，我骄傲，我自豪。"

设计意图：通过师生共答完成课程内容回顾，同时检验学员对学习内容的掌握程度。以习总书记的讲话作为结语，以筷子为媒引出文化传承，传递文化自信，引起学员共鸣。

教学反思

本节课体现学员主体地位，注重学员体验过程及体验形式，围绕体验课堂的认知体验、行动体验及情感体验三类体验学习进行，层层推进。以筷子为媒，从历史展开，在生活实践，于文化共鸣，符合认知的逻辑，内容通俗易懂又与生活实际多有关联，学员配合良好，得到了较好的教学效果。在各个教学环节融入课程思政内容，激发学员兴趣，引发学员共鸣。

松江区新浜镇社区学校　张文莉

社区教育实用技能系列

AI 再现历史记忆

教学目标

知识与技能：熟练掌握 AI 照片增强软件的基本用法，能够区分不同黑白上色功能的作用。

过程与方法：通过对图片细节的观察，判断照片是否由 AI 生成，并在一定程度上掌握鉴别假信息的能力。

情感态度价值观：知道 AI 在给人类带来便利的同时也暗含一定的危害性，学会辩证地看待 AI，意识到必须在相关法律规定的范围内合法、规范发展和运用 AI 技术。

教材分析与学情分析

一、教材分析

本课是《摄影与照片后期处理》课程中的第五课，主要的教学内容是用 AI 相关技术处理照片，并能判断照片是否由 AI 生成。本课无相关教材，为独立教学内容，无上下联系，可单独进行教学。教学时长为 40 分钟。

二、学情分析

本次授课对象为《摄影与照片后期处理》班级的学员，学习者年龄普遍在 40—60 岁之间，多数出于个人爱好参加学习。所有学员都掌握了基本的电脑操作,且近半数学员已经有较长的接触摄影后期(传统修图软件)的时间,但由于年龄原因,操作并不熟练,需要时常翻找操作流程。

针对这一情况,教师引入采用 AI 技术的软件,简化后期流程,并让学员了解 AI 技术的便捷性和不正当运用的危害性,让学员对 AI 这一新生事物有客观的认识,学会初步的运用。

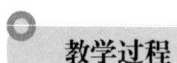

教学过程

导入环节

教师展示一张浈港大桥的老照片(地标性建筑,有亲切感,提高学员学习积极性),请大家观察并思考,在传统修图软件中如何将其变清晰,并简要列出步骤。

1. 主要步骤(回顾之前学习的内容):

(1) 分析照片存在的问题:分辨率低,色彩断层。

(2) 色彩的调整:调整色阶与色彩平衡。

(3) 清晰度的调整:高反差保留、叠加图层锐化。

(4) 照片尺寸变大:调整分辨率。

(5) 再次锐化:高反差保留、USM 锐化、智能锐化。

2. 教师提问:上述步骤繁琐、用时长,怎样才能简化步骤呢?

设计意图:通过地标性建筑老照片引出本课的主题,使用 AI 图像增强软件,让 AI 代替人工完成上述步骤,尝试运用现代科技展现家乡历史风貌,激发浓浓乡情。

环节一:柳暗花明——AI 图像增强软件

教师介绍 AI 图像增强软件的界面和功能(经过 AI 大数据训练,用算法修复不清晰的照片)。口头讲解四个模型(通用模型、降噪模型、人脸专用模型、黑白上色模型)。

教师以浈港大桥的照片为例,演示将图片变清晰的方法。(降噪模型,分辨

率放大400%)

教师以另一张黑白照片为例(一位清朝格格的黑白照片),使用AI算法对其进行上色。(分别尝试黑白上色模型和人脸专用模型,观察并判断两个模型的区别——人脸专用模型可以让皮肤更加光滑,减少噪点。)

总结AI图像增强软件的基本用途:使用AI算法让不清晰的照片变得更加清晰。

5. 提出问题"那AI软件还能对照片进行其他形式的创作吗?"承上启下,引出下一环节"AI图像创作工具"的学习。

设计意图: 引入AI图像增强软件,简化后期流程,使学员感受到科技发展给后期处理带来的便捷。

环节二:无中生有——AI图像创作软件

教师展示一组照片,请大家判断,哪些照片不是AI生成的?

答案:所有照片均是使用AI图像创作软件,由AI根据文字描述批量生成的。通过WEB UI界面简要介绍该软件的用途:文生图(文字生成图片)、图生图、图生动画等。

教师介绍该软件的特点:高度的便利性(只要对电脑用文字描述自己想要的画面,AI可以全自动批量生成图片);需要极其强大的算力支撑。(普通办公电脑生成一张图片花费时间约半小时。)

设计意图: 通过举例说明AI软件的强大创造力及带给人类生活的便利,同时为之后讲解由此可能衍生出的 系列道德问题做铺垫,承上启下。

环节三:适得其反——AI演进面临的诸多问题

教师展示一组所谓"美国9.1级大地震大海啸"和"特朗普考察中国养猪场"的图片,揭示AI绘图软件的发展让造谣、传谣更加容易;展示一则警情通报(利用AI伪造聊天记录,引发社会舆论)。(问题之一:社会舆论问题)

教师出示相关新闻:(1)比利时一名男子与AI频繁聊天后自杀;(2)意大

利官方限制 ChatGPT 使用。(问题之二:法律人伦问题)

教师出示相关内容:ChatGPT 等 AI 工具的错误训练和恶意使用引发的政治渗透与认知战,国家安全面临新的威胁。(问题三:国家安全)

教师提问:AI 带来了这么多的问题,那是不是应该禁止 AI 的发展呢?

引出下一环节的教学。

设计意图:通过相关案例,让学员感受到 AI 技术的不正当运用会在社会舆论、法律人伦、国家安全等方面带来危害,让学员了解到 AI 技术的两面性。

环节四:蒸蒸日上——我国 AI 技术的发展与展望

教师介绍:AI 不仅可以用来处理图片、聊天,AI 在生物制药、机械工程等方面都有广泛的运用,已经成为现代社会发展的强劲动力。(AI 让疫苗研发时间缩短 75%)

教师出示相关材料。

十四届全国人大一次会议第二次全体会议,我国重组科学技术部,"加强科学技术部推动健全新型举国体制、优化科技创新全链条管理";组建中央科技委员会,加强党中央对科技工作的集中统一领导。

AI 技术出来以后,在伦理方面都采取了一些相应的措施,对科学技术发展趋利避害,让"利"更好地发挥出来。

《生成式人工智能服务管理办法(征求意见稿)》公开征求意见,AI 技术的发展和使用进入立法阶段。

目前主要短板:AI 技术的发展需要依靠强大的算力支撑,我国芯片设计(EDA)和制造(光刻机)等短板亟待补齐。

设计意图:通过相关材料,让学员了解目前我国在 AI 技术发展上的政策支持和配套监管,了解我国 AI 技术发展面临的瓶颈。

教学反思

本课教学目标达成度较好,学员不仅学习了 AI 修复照片的技巧,还了解了

AI给人类社会发展带来的机遇与挑战,知道了AI技术的利弊和我国AI技术发展的基本状况。

教师在设计教学目标时,将AI技术相关知识技能和"国家安全""社会舆论""法律人伦"等内容结合起来,并教授学员辨别图片是否由AI生成的技巧,增强了学员辨别事件真伪的能力。通过讲述我国AI相关领域的立法和目前AI技术演进面临的瓶颈,进一步增强了学员对我国相关技术的了解,增进了学员的爱国情怀。

同时,作为一门信息技术类的课程,教师在教学中通过多个环节的串联设计,让学员对AI这一新的技术有更加清晰的了解,让其感受到新的科学技术在促进工作与生活便利、促进生产力发展和社会进步等方面的重要性和积极作用,了解了国家在信息技术领域的政策方针与发展道路,增强政治认同。

松江区泖港社区学校　徐侃杰

粘土手工之"中华兔"

教学目标

知识与技能：了解"中华兔"的故事，根据"中华兔"的外形结构，掌握粘土"从主干到细节"的制作工艺，做到基本正确拿捏"中华兔"的比例和特征。

过程与方法：学会"中华兔"的制作，进一步掌握军帽的制作方法，学会用五角星这一元素装扮"中华兔"。

情感态度价值观：理解"中华兔"背后的深意，坚定学员传承先辈精神，继续推进社会主义现代化建设的决心。

教材分析与学情分析

一、教材分析

本节课是《粘土手工》课程中的第四课。该系列课程通过使用超轻粘土，使老年学员体验传统面塑的乐趣。本课教学内容为制作国产历史动漫《那年那兔那些事儿》的主角"中华兔"，旨在引导学员了解"中华兔"、制作"中华兔"以及理解"中华兔"背后的深意。本课教学内容在整册教材中起到了承上启下的作用，引导学员在熟练掌握圆球制作的方法后尝试水滴、五角星等异形的制作，为之后制作更复杂的形状铺垫；逐步掌握从单一形状的制作到不同形状的拼接组合，并对动物、人物的比例有初步的了解。教学时长为45分钟。

二、学情分析

本次授课对象为社区学校的老年学员，在粘土手工班有一学期的学习经历，年龄普遍在70岁以上。尽管年龄偏大,但是他们热爱手工,且刻苦钻研。课上认真听讲,课后积极练习,并通过微信群与老师、同学交流制作心得、精益求精。班级氛围轻松融洽,学员之间互相学习、互相帮助、共同进步。

教学过程

一、问题导入

教师:今年是农历什么年?

学员:兔年!

教师:今天我们就来制作粘土小兔子!

教师:大家对兔子的印象是怎么样的?

学员:可爱、活泼……

教师:今天要做的兔子除了可爱,还有它的另一面。这只兔子叫作"中华兔",为什么叫"中华兔"呢?

设计意图:以兔年为切入口,通过提问引出本节课的教学内容"中华兔"。"中华兔"是国产历史动漫《那年那兔那些事儿》的主角。这部军事题材的爱国主义动画以动物漫画的形式呈现了我国的历史。

二、新课讲授

(一) 了解"中华兔"

播放动漫剪辑视频。

教师:太感动了,那句"为了祖国,向我开炮"有没有勾起大家的回忆?有没有认出来视频中那冰天雪地的地方就是当年的长津湖?"中华兔"抢夺的那座桥就是我们的泸定桥!现在大家知道为什么它叫"中华兔"了吧。因为"中华兔"代表的就是我们中华儿女!今天就让我们满怀深情地来捏一只"中华兔"!

(二) 观察"中华兔"

教师进行实物和PPT展示。

1."中华兔"结构:按比例三等分(上部—耳朵、中部—脑袋、下部—躯干)

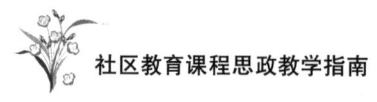

2. 特别的元素：红五星。

教师：红五星是革命的象征。更重要的是，就像我们前面看到的视频中"中华兔"所说的"星星之火，可以燎原"。这是我们坚定的信念，所以大家在制作的过程中，红五星的位置一定要摆正，顶角指向12点钟方向。

（三）制作"中华兔"

1. 播放制作视频

教师：按照粘土从主干到细节的制作方法。我们先做头部，再做身体。

2. 教师制作演示

教师：我们取绿色粘土制作军帽，揉圆剪半，这一半是帽子的主体。双手转圈按压，帽子的压痕就出来了。注意主体直径不要超过"中华兔"的眼距。帽檐的取量就是取刚刚剩下绿色粘土的一半。揉圆，压成圆片，大小参考帽子主体。剪出帽檐的形状，微微调整，与主体粘合。

3. 学员制作

教师巡回指导。

4. 展示与点评

自评与互评。

设计意图：在课程导入部分，通过提问学员对兔子的传统印象，以及播放动漫中对历史经典事件的混剪视频，首先，突显"中华兔"除了可爱外表之外，有勇有谋的性格特点；其次，引导学员发现"中华兔"代表的就是我们中华儿女。在"中华兔"结构观察环节，介绍"中华兔"的主要装饰元素——红五星。红五星是革命的象征，同时也与课程开头视频"中华兔"高喊"星星之火，可以燎原"遥相呼应。红五星是红军精神的象征，也代表了中华儿女坚定的信念，所以在制作中必须保证红五星的正确摆放。

三、总结升华

教师：代表中国的动物，大家第一反应都是熊猫或者龙，为什么今天我们做的是一只小兔子呢？大家想想，兔子可爱、人畜无害，但受欺负了、惹急了，也会奋起反抗，就像我们俗语说的兔子蹬鹰，面对天敌也毫不畏惧。

教师收集学员作品,排成一排放在画前。

教师:"中华兔"的愿望就是建设美丽家园,我们经过一代又一代的拼搏奋斗已经实现了第一个百年奋斗目标,正意气风发向第二个百年奋斗目标进军!我们知道,"星星之火,可以燎原",老师也希望大家可以做到不忘初"星",奋发"兔"强!

设计意图:课程的点评总结环节,向学员阐述"中华兔"背后的深意。兔子人畜无害,就像中华儿女热爱和平。兔子蹬鹰就像中华儿女保卫家园不畏强敌。展示的画是以中国地图为轮廓的粘土繁花画,中间有一只挥着手的"中华兔"。将学员作品排在繁花地图前,以直观的效果将学员带入情境,使其更易体会是一代代"中华兔"的不断奋进才有了现在的美好生活,坚定学员传承先辈精神继续推进社会主义现代化建设的决心!

四、布置作业

教师:图片上是老师做的无私奉献"中华兔"、赤胆忠心"中华兔"、勇往直前"中华兔"、直冲云霄"中华兔"、武艺高强"中华兔"。希望大家可以享受捏塑粘土动手又动脑的乐趣,设计出你心中的"中华兔"。

设计意图:在掌握本节课"中华兔"基本造型的基础上,鼓励学员发挥创意,创作出更多能展现不同时期不同领域中华儿女风貌的"中华兔"形象。

教学反思

本节课旨在引导学员了解"中华兔"、制作"中华兔"以及理解"中华兔"背后的深意,在课程设计过程中注重思政元素的融入。具体如下:

了解"中华兔":动漫《那年那兔那些事儿》通过主角"中华兔"讲述了我国近代史发生的一系列重大事件。动画中重现的历史场景,引起了老年学员的共鸣,也直观地认识了代表中华儿女形象的"中华兔"。

制作"中华兔":在制作讲解部分,引导学员发现"中华兔"的结构特点(三等分),有助于学员后续正确拿捏"中华兔"的各部位比例。"中华兔"的整体造型虽然相对简单,但考虑到学员年龄普遍偏高,因此对于较为复杂的军帽的制作,安排了教师现场演示环节，以便于学员理解。在制作装饰"中华兔"的红五星时，结合制作方法、摆放位置，引导学员认识到其背后的特殊意义。

理解"中华兔"背后深意：从动漫视频中"中华兔"冲锋陷阵场景的呈现，到成果展示时以粘土繁花组成的中国地图作为学员作品的摆放背景，这不仅喻示着一路的"苦尽甘来"，更让学员感受到作为中华儿女我们都参与、见证了这段历史，也将继续为祖国的繁荣奉献自己的力量。

本节课教学效果较好，学员不仅完成了"中华兔"的制作，还了解了"中华兔"形象背后的深意。

针对本节课的教学情况，今后将在以下方面做改进：继续做好分层教学，调动学员的学习积极性；加强师生、生生交流，给予学员更多思考、交流时间。

松江区九亭镇社区学校　周雪瑶

智能手机应用之网上预约挂号

教学目标

知识与技能：了解网上预约挂号的优点，学会网上预约挂号及取消预约的步骤。

过程与方法：通过创设情境、学员现身说法，了解网上预约挂号的优点。根据教学内容和学员的实际情况，采用先学后教的翻转课堂教学模式。先学：学员课前预习，观看网上预约挂号的微视频，初步学习网上预约挂号的步骤。后教：教师通过课上演示、师生互动、生生互助等方式，巩固学员自学成果，帮助其学习更有效的方法。

情感态度价值观：通过网上预约挂号的学习，帮助老年学员逐步树立终身学习的理念，主动跨越数字鸿沟。提醒老年学员按需选择合适的医疗资源，不要"小病大看"，将优质医疗资源留给更需要的患者。通过学习"取消预约"步骤，向老年学员提倡诚信做人，如不能按时就医必须取消预约，不要挤占医疗资源。

教材分析与学情分析

一、教材分析

本课选自"银龄课堂2022"《学智能应用、做智慧长者》第四篇《智慧医疗、助力健康》，属于信息技术应用类课程。本课教学内容是网上预约挂号。通过本课的学习，老年学员能学会网上预约挂号及取消预约的操作步骤，增强有病及时医疗、节约医疗资源、诚信做人等意识。本课是第四篇《智慧医疗、助力健康》第一节的内容，前面已学习的智慧社交、智慧金融、智慧生活等内容为学习本课奠定了基础,学习完本课也将为后续学习自助就医等内容做好铺垫。教学时长 20 分钟。

二、学情分析

本次授课对象为我校智能手机应用基础班的学员。随着科技的发展,智能手机使我们的生活变得更加便捷。但老年学员在使用智能手机方面存在一定的困难,他们迫切需要学习如何使用智能手机。本课实用性很强,学员们学习意愿强烈。学员文化程度不一,班中有些学员是退休教师,学习能力相对较强,他们乐于帮助学习能力弱的学员,开展同伴互助学习。

教学过程

一、创设情景,导入新课

教学内容:前几天,一位老阿姨想去医院看病,但她不会网上预约挂号,打电话给朱老师抱怨网上预约挂号不便并寻求朱老师的帮助。

教师提问:是否有学员通过网上预约挂号去就医的?请用亲身经历告诉大家网上预约挂号好不好?如果不会网上预约挂号怎么办?

设计意图:创设教学情景,通过师生问答,激发学习兴趣,巧妙融入思政元素,渗透终身学习理念。

二、新课讲授,动手操作

第一步:进入预约挂号界面

教学内容:打开随申办→在首页的精选主题中点击"医疗健康"→选择"预约挂号"→点击"同意"。

教师提问:课前预习的微视频中是通过什么小程序进入预约挂号界面的?
学员回答:随申办小程序。

教师简单介绍随申办的一网通办及长者专版,让学员感受平台的便利及对老人的关爱。

学员们一边操作手机,一边说具体操作步骤,教师点评。

设计意图:复习随申办 APP 的使用,感受平台对老人的关爱。

第二步:完善个人信息

教学内容:点击预约挂号界面的右下角"我的"→点击"新增就诊人"→输入姓名、身份证号等信息并保存。

预设师生活动:教师提醒此步骤只在第一次预约挂号或新增就诊人时才会用到。教师检查学员课前是否已经完成此项操作。

设计意图:以翻转课堂的形式鼓励老年学员尝试自主学习,提升其学习信息技术的自信,为课堂开展深度学习做好铺垫。

第三步:选择预约医院

教学内容:方法一,在网上预约挂号界面,上下滑动列表选择预约医院。方法二,在搜索框中输入医院名称→在列表中选择预约医院。方法三,利用行政区选择预约医院。方法四,利用筛选功能按医院等级选择预约医院。

教师提问:微视频中提到哪两种进入预约医院界面的方式?

学员回答并在手机上操作。

教师看学员操作并点评:方法一比较慢,方法二需要知道医院的名称,都不太方便。

教师介绍利用按行政区或医院等级的筛选功能选择预约医院,可以缩小检索医院的范围。学员一边听讲一边操作。教师倡议大家按需选择医院,节约医疗资源。

设计意图:此环节是本课重点和难点,教师介绍四种方法进入预约医院界面,以便学员找到适合自己的方法。提倡按需就医,节约医疗资源。

第四步:选择科室、医生、时间段

教学内容:进入预约医院界面后,选择科室大类→选择具体科室→选择需要预约的门诊→选择预约的医生→选择预约的时间段。

预设师生活动:师生进行第四步的操作,第四步完成后就预约成功了。倡议大家按需选择专家门诊还是普通门诊,节约医疗资源。

设计意图:感受网上预约给就医带来的便利,提倡按需就医,节约医疗资源。

第五步：取消预约

教学内容：点击预约挂号界面右下角"我的"→点击"我的预约"→点击底部的"取消预约"。

教师提问：如果不能按时就医，怎么办？

若学员回答说取消预约，再追问如何取消预约。

教师巡视并指导。

设计意图：渗透诚信教育，节约医疗资源。

三、课堂总结，交流体会

师生总结交流网上预约挂号步骤。

教师请一位学员谈学习体会。

设计意图：总结巩固所学的知识与技能。

四、作业布置，拓展学习

基础作业：与家人分享今天所学的知识和技能。

拓展作业：回去教身边的老年人进行网上预约挂号。

设计意图：倡导学以致用，充分发挥学习的辐射作用，推动老年人群融入数字化社会。

教学反思

本课注重寻找合适的载体来渗透和落实思政元素，具体如下：

首先，通过创设情境、学员讲述亲身经历，让学员们明白网上预约挂号对病患和医院都有利，这是上海市政府为市民办的一件实事。通过介绍随申办的一网通办及长者专版，让学员们感受到平台的便捷与对老人的关爱，激发学员们通过终身学习跨越数字鸿沟。

其次，结合选择预约医院及选择医生的教学，引导学员要按需就医，将有限的优质医疗资源留给更需要的病患。

再次,在新课讲解的第五步取消预约时,引导学员要讲诚信,如果不能按时就医,要提前取消预约,避免医疗资源浪费。

最后,鼓励学员们课后把所学的知识与技能同家人分享,帮助身边的老年人学会利用手机进行网上预约挂号,发挥学习的辐射作用。

松江区叶榭镇社区学校　朱成兵

社区教育体育健身系列

八段锦第二式

——左右开弓似射雕

教学目标

知识与技能： 掌握八段锦第二式"左右开弓似射雕"的动作要领与技术要点。

过程与方法： 通过讲解与示范，学员初步掌握八段锦的动作特点；通过跟练与个别练习，学员能够独立演练所学的动作；通过个别校正与互相评价，提高动作质量；通过回课，巩固学习效果。

情感态度价值观： 学习我国优秀民族民间体育项目并为之感到自豪；通过体育项目锻炼，提高身体素质与生活质量；培养学员坚毅品质。

安全保障

1. 课前检查场地，确保场地平整，防滑。
2. 准备活动充分。
3. 教师巡视和进行安全提示，发现问题及时处理。
4. 提醒学员穿适合运动的服装和鞋子。

教材分析与学情分析

一、教材分析

本节课是《健身气功——八段锦》课程中的第二课，包括复习、灵敏性练习和学习八段锦第二式"左右开弓似射雕"三项教学内容。八段锦功法是对人体五脏六腑进行调理的功法,本课"左右开弓似射雕"主要调理的是肝和肺。教学时长 40 分钟。

二、学情分析

中老年学员的灵敏性、力量、柔韧性、平衡性、协调性下降,而八段锦动作简单易学,适合老年人。中老年学员运动能力参差不齐,个体差异较大,但都渴望得到老师的表扬和鼓励。他们团队意识强、进取心强。

教学过程

一、开始部分

1. 整队,检查人数。
2. 师生问好。
3. 宣布本课内容与要求。

图 1　集合队形

二、准备部分

根据教师指令进行徒手体操(4—8 呼)练习,充分活动关节,拉伸韧带。

徒手体操: 第一节头部运动,第二节肩部运动,第三节扩胸运动,第四节体侧运动,第五节体转运动,第六节腹背运动,第七节腰部运动,第八节压腿、拉伸韧带。

三、基本部分

(一)回课:复习八段锦起势及第一式"两手托天理三焦"

1. 以提问的形式回顾上节课所学内容。
2. 听音乐做练习:教师检查学员回家作业完成的质量,并纠正错误动作。

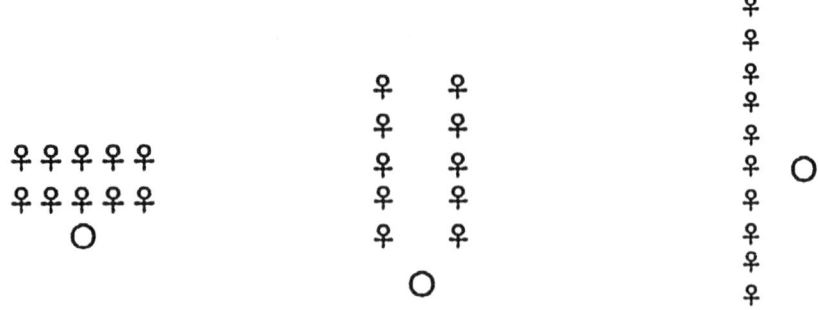

图 2　检查学员回家作业队形

（二）导入：手型变换练习

1. 介绍四种手型：自然掌、八字掌、龙爪、握固。

自然掌：五指自然伸直，稍分开，掌心微含。

八字掌：拇指与食指竖直分开成八字形，其余三指的第一、二指节屈收，指间见缝，大小鱼际稍向内收，掌心微含。

龙爪：五指并拢，拇指第一指节和其余四指的第一、二指节屈收扣紧，掌心张开。

握固：拇指抵掐无名指根节内侧，其余四指屈拢收握。

2. 变换形式练习，速度由慢到快。

（三）新授：学习八段锦第二式——左右开弓似射雕

1. 动作要领讲解

（1）接上式。身体重心右移，松腰沉胯，左脚向左开步站立，两腿膝关节自然伸直，同时肩部放松，两掌向上随两臂屈肘交叉搭腕于胸前，掌根约与膻中穴同高，左掌在外，两掌心朝内，目视前方。（吸气）

（2）两臂沉肘稍回收，同时，右掌屈指成龙爪，左臂内旋坐腕成八字掌，掌心斜朝前，指尖朝上，目视前方。（吸气）

（3）两腿徐缓屈膝成马步，同时，左掌向左侧推出，腕与肩平，指尖朝上，右龙爪向右平拉成肩前，犹如拉弓射箭之势，保持抻拉，目视推掌方向。（呼气）意念活动：拉弓时意念在夹脊，定势时意念在指尖。

（4）身体重心右移，左腿膝关节略伸直，同时，右手指伸开成自然掌，向上向

右划弧,腕与肩同高,掌心斜向前,指尖朝上,左手指伸开成自然掌,掌心斜向前,目视右掌。(吸气)

(5)上动不停,重心继续右移,左脚收回成并步站立,同时,两掌分别由两侧下落,屈肘捧于小腹前,掌心朝上,指尖相对,间距约10厘米,目视前方。(呼气)

(6)右式动作同左式动作,唯左右相反。

图3 "左右开弓似射雕"姿势

技术要领

第一,拉弓时注意手型变化,劲由脊发,转头要充分,两臂对拉要保持一条直线。

第二,马步屈蹲,膝盖不超过脚尖。

第三,保持立身中正。

功理与作用

第一,左右开弓时,利于扩大胸腔,增大肺通量、回心血量和打开上焦。通过八字掌坐腕翘指、龙爪置于肩前云门处,可有效刺激手太阴肺经、手阳明大肠经,对于改善微循环、增大肺活量、提高心肺功能及指关节灵活性具有促进作用

第二,下蹲成马步时,可加强股四头肌、小腿后侧肌群等肌肉收缩,能有效发展下肢力量,促进血液回流。

第三,扩胸展肩、转头,可增强颈椎、胸椎的运动,纠正局部小关节的异常位置,调节颈、肩、胸、背部肌肉平衡,有利于纠正驼背等不良体态,防治颈椎病,肩周炎等疾患。

设计意图：通过对"左右开弓似射雕"动作要领、功理与作用的讲解，有效传授体育健身基本知识、技能和方法，提高学员的身体健康水平和科学运动知识。

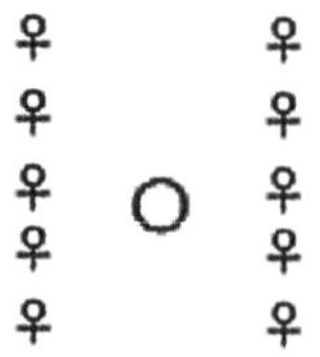

2. 教师出示图例，并示范（队形：散点）。

3. 教师引领，学员自练。教师巡视指导对错误动作加以纠正。

易犯错误及纠正方法：

（1）颈项不直，转头不充分。注意下颌内收，头转至鼻尖正对八字掌食指。

图 4　教师动作示范队形

（2）拉弓定势时耸肩，推掌时直肘、直腕。注意沉肩坠肘，坐腕翘指。

（3）马步跪膝，重心偏移。注意膝盖不超过脚尖，垂直下坐，重心落于两腿中间。

4. 动作练习。在教师的指导下进行反馈练习、模仿练习、强化练习，基本固定动作。

5. 成果展示。交流练习，部分学生展示，教师点评。

6. 学员跟音乐进行练习。

设计意图：通过动作详解、教师示范、学员练习、教师指导和成果展示等教学环节，帮助学员掌握动作要领，在强身健体的过程中养成不畏困难、积极生活的态度，拥有健康体魄，提高生活质量。

（四）结束部分

1. 听音乐，放松身心，学员交流心得。

2. 师生共同评价总结本课。

3. 布置课后作业：复习巩固已学内容、马步站桩。

4. 收拾器材。

5. 师生告别。

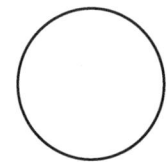

图 5　学员放松运动队形

教学反思

本课选择了适宜的教学策略，科学安排运动负荷，学员在健康、安全、轻松的氛围中掌握了八段锦第二式的技术要领和一些体育专业术语,感受到了专业术语中蕴含的中国传统文化元素。

　　提高了学习者的身体健康水平和科学运动知识。教师在授课过程中,始终贯彻课程思政理念,关注学习者的学习态度、情感、行为的变化,引导学习者体验学习过程,感悟认识身体练习与思维活动的紧密结合,了解体育健身的价值。通过学习八段锦第二式,学习者增进了对此项民间体育项目的了解,在潜移默化中强化了终身体育的意识,感受到民间体育项目在展现国家文化自信中发挥的积极作用,更能积极主动地传承我国优秀的民族民间体育文化。

松江区泗泾镇社区学校　程凤仙

棋枰纵横，过犹不及

——围棋布局拆边的学习

教学目标

知识与技能：学习围棋布局拆边的基本方法，正确掌握拆边的分寸，能运用于实际对弈。

过程与方法：通过分析不同的拆边方法，比较结果，得出更好的拆边方法，学会举一反三地思考棋路。

情感态度价值观：做任何事情既不能谨小慎微，也要避免过犹不及，把握分寸，棋如人生。

教材分析与学情分析

一、教材分析

本课隶属于老年大学《围棋》课程，教学内容选自范孙操编著的《围棋入门》的第四章第五节课《拆边》。本课以布局拆边中的大拆为主要教学内容，目标是学员能掌握大拆的分寸，并运用于实际对弈中。本课教学内容在整册教材中是一个重点技能，用于棋局的开局。"金角银边草肚皮"，拆边对于棋局来讲非常重要，既是开端又是基础。教学时长为45—60分钟。

二、学情分析

本次授课对象为老年大学学员，年龄在50—75之间，对围棋有较浓厚的兴趣，但基础较为薄弱。尽管记忆力有所减退，但学员的学习热情和主动性很高。

一、导入课程

（一）松江围棋史简介

三国时期，吴越之地围棋风行。唐朝诗人杜牧有诗曰："一灯明暗覆吴图"。"吴图"就是从那个时代沿袭下来的棋局的代称。重点介绍近现代顾水如先生等松江地区多位知名棋手的生平和趣闻轶事。

（二）大拆的概念

黑白两角互相对峙的时候，如图1，双方都要去抢夺边上的地盘，这时候的拆边，是扩张性的拆边，称之为"大拆"。那到底拆多远合适，怎么把握其中的分寸呢？

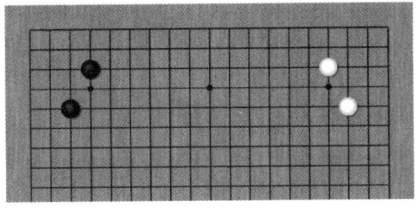

图 1

学员尝试，教师记录其意见。

设计意图：介绍松江的围棋名人和历史，增加学员学棋的兴趣，增强对于家乡深厚文化底蕴的认同感与自豪感。用问题引导学员思考，在讨论中温故知新。

二、新课讲授：拆边

（一）抢占中心点

如图2，黑棋抢占边的中心点，白棋2拆边自然不如黑棋的地域大。如图3，白棋2侵入黑棋空，互破地域，黑棋3拆二可获得安定之形，而白棋只能拆一，根据不足，处于不安定状态，明显是白棋不利。

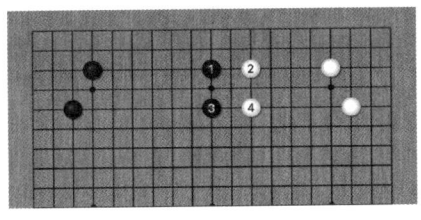

图 2

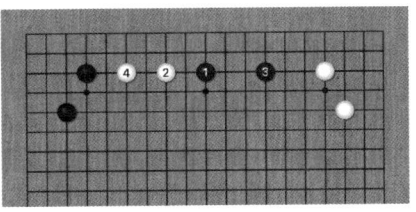

图 3

综上所述，无论白棋采取对围还是对破的策略，黑棋都有利。

（二）提问：拆小一点更安全，为什么不好？

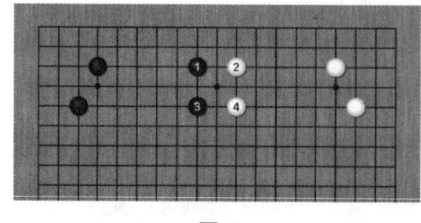

图 4

因为走小了效率不充分，体现不出黑棋先行的优势。如图 4，黑棋 1 比图二拆小一路，白棋也拆，双方围地一般大，作为后走一方的白棋当然满意。所以黑棋拆得不充分。

（三）提问：拆大一点围地更多，为什么不好？

因为过大了会空虚，就被对方轻易破坏，同样体现不出先行优势。如图 5，黑棋 1 比图 2 拆大一路，白棋 2 对围自然对黑棋有利，但白棋必然反击，会采取互破的策略，见图六。图六，黑棋拆大时，白棋 2 互破地域，黑棋 3 拆二安定时，白棋 4 也拆二安定。可以看到，双方同样保持着局面的平衡，黑棋没有体现出先走棋的优势，这就是过犹不及，因此不可贪小失大。

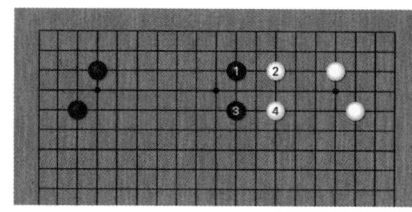

图 5

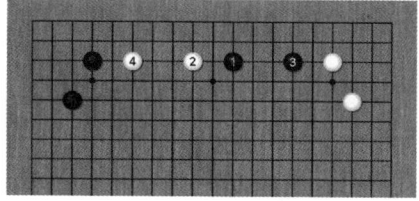

图 6

（四）观察图片（图 7）并思考：黑先拆边拆哪里合适？

从图 4 和图 6 两图可以看出，黑棋无论拆小还是拆大，都不能获得局面的领先，白棋都有获得局面平衡的策略。只有看似中庸的图 2 和图 3 中的黑棋 1，反而能获得局面的优势。棋如人生：阔不可太疏，密不可太促。

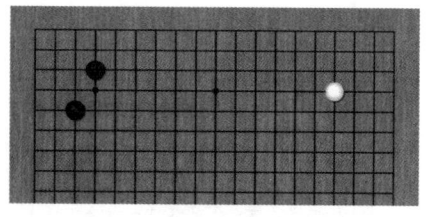

图 7

设计意图：把两种拆边方法进行比较，引导学员发现问题，再考虑如何解决问题，并找到最优解。通过对拆边方法的研究，引入《棋经》语录的解读，进而引申到人生处世哲学，凡事过犹不及，要恰到好处。

三、学员对弈

提问：什么是布局拆边的大拆？拆边过大和过小，各有什么缺点？学员分组对弈，重点练习拆边，教师巡视学员对弈，并根据实际情况指导。

设计意图：通过分组对弈，学员们能更好地在练习中掌握对弈技巧，加深对围棋专业术语"布局拆边"的理解与应用，在对弈中体会"习武先习德"的内涵。同时，通过"实战"进一步熟悉对弈的礼仪与基本规则，学会尊重对手。

教学反思

本课结束后，老年学员普遍反映能理解课程内容，并能运用于实际对弈中。对于"过犹不及"的理解，学员们根据自己的丰富人生经历得出了更多的感悟，比如，要对任何事物保持兴趣和热情，但不能太过沉迷，以防陷于贪恋痴迷的状态，影响正常的生活；又比如处理人际关系，朋友之间保持适度关心和一定频率的联系，同时要注意边界感，不要打扰他人的生活，更不能打探个人隐私。

通过分组对弈，学员进一步掌握了围棋专业术语，熟悉了围棋对弈礼仪与比赛规则，感悟中国传统体育文化元素及其包含的"过犹不及"的中国哲学思想。

上海市松江区老年大学　王民胜

陆地冰壶之中路投营

教学目标

知识与技能：初步学会投壶的动作要领；初步学会直向投壶之中路投营技术。

过程与方法：通过示范讲解、实践探究、合作学习等方法，巩固持壶、出手等基本要领，初步掌握投壶动作的要领和中路投营技术。

情感态度价值观：加深对体育运动育人和强身健体价值的认识；激发参加体育运动的兴趣与积极性，培养更快、更高、更强、更团结的奥林匹克体育精神；培养珍爱生命、关爱他人、合作共享的社会责任感。

教材分析与学情分析

一、教材分析

陆地冰壶运动为简化版的冰壶运动，不受气候和场地等条件的限制，深受老年人喜欢。泗泾镇社区学校因地制宜，结合市民需求，开设了《陆地冰壶》课程并编写了教材。本节课是本课程第二章第二节第一部分的内容。学习内容为陆地冰壶投壶的动作要领和直向投壶之中路投营技术。望学员通过聆听教师的讲解和观察老师的示范，学员团队合作共同练习，初步掌握陆地冰壶投壶的动作要领和直向投壶之中路投营技术。

投壶动作要领和中路投营技术是陆地冰壶运动中最基础的技术，是掌握陆地冰壶技术进行比赛的关键，必须打牢基础、认真学习、严格训练。

本节课教学时长为90分钟。

二、学情分析

本次授课对象为年龄在55—70周岁的老年学员,大多身体条件相对较好,且深感体育运动的重要性,对冰壶运动有一定的了解,有利于本节课的学习。

学员在之前课程的学习中学习了持壶和投壶出手动作要领,大部分学员已初步掌握了所学内容,有助于本节课的学习。

由于老年学员的年龄、性别、身体条件和运动基础差异较大,可能存在个别学员掌握技术动作困难的情况,在教学过程中必须注意控制课程的节奏,开展个别指导,注重引导同伴互助。

教学过程

一、开始准备

(一)整队,检查人数

二列横队集合,队形如图1,学员做到快、齐、静,班长做好点名。

图1 集合队形

(二)准备活动:八节操

学员:根据口令,同步操练,活动关节,拉伸韧带。

教师:要求学员动作正确到位。

设计意图:简单的集队、点名能培养学员的团队意识、纪律意识和责任意识;准备活动能活动身体,起到热身作用,避免运动伤害,强化尊重生命、珍爱生命的意识。

二、创设情境,复习导入

(一)观看视频

观看北京2022冬残奥会轮椅冰壶金牌赛,中国队8∶3战胜瑞典队夺冠后登上领奖台,升起五星红旗的精彩片段。

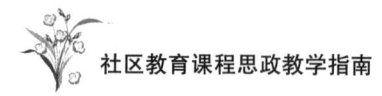

教师提问：你喜欢冰壶运动吗？中国运动员能以8∶3战胜瑞典，除了过硬的技术，还应具备怎样的精神？

（二）复习

复习上节课学习的持壶要领和出手动作。投出线路要压中线走直，壶把不能转。手臂尽量伸展，自然弯曲。

学员练习：分男女两组，在两个场地，两人一组面对面练习持壶和出手的动作要领。

教师简单讲解、巡视指导：强调动作的准确性，巡视过程中帮助个别困难学员，发现问题及时纠正。

设计意图：通过观看视频，提升学员学习陆地冰壶的兴趣，感受胜利带来的愉悦感和幸福感；激发学员爱国情怀，培养更高、更快、更强、更团结的奥运精神。通过复习上一节课学习的动作，巩固已学的技术动作，感悟学而时习之的道理，同时引入新授课。

三、新授技能

（一）投壶动作

1. 投壶准备：放、站、撤、蹲、持五个动作

（1）放，冰壶放置。将冰壶放置在需要的投壶点，冰壶的位置于与目标成直向（平行于中线）。

（2）站，双脚站立。进入发壶区，双脚开立，距离约30厘米，不得踩踏发壶区前端线或边线，如图2所示。

（3）撤，单脚后撤。支撑脚不动，助力脚后撤，膝盖贴地时不可超过支撑脚脚尖。后撤时，助力脚尖须正对冰壶与目标点，如图3所示。

（4）蹲，身体下蹲。身体下蹲成单跪式蹲姿，上身直立，调整自体重心，稳定投壶跪姿，如图4所示。

（5）持，单手持壶。四指第二关节轻钩壶柄，大拇指自然贴靠四指，掌心空握，如图5所示。

图 2　发壶立姿俯视图　　图 3　后撤步示范正视图　　图 4　跪姿示范正视图　　图 5　持壶示范俯视图

学员练习：分男女两组，在两个场地，两人一组面对面练习投壶准备动作，合作学习，相互帮助。

教师讲解示范、巡视指导：放、站、撤、蹲、持动作的要领和细节，要求每个动作干净利落，正确到位。巡视过程中帮助个别困难学员，发现问题及时纠正。

2. 发壶动作

（1）持壶。五指并拢，四指第二关节手指钩住壶柄，手心为空握住壶柄。

（2）滑行。前推和后拉，眼睛对准正前方。以右手为例，左脚在前，右脚在后，左手位于身体左前方，也可扶膝。右手持壶位于身体正前方，身体成一条直线后背前倾。将壶沿直线前滑，身体重心前移，再将壶后拉，身体重心后移。最后再将壶沿直线向目标投出。

（3）出手。目视前方，瞄准正前方目标点，沿 12 点钟方向出手后保持动作呈握手姿势，手掌垂直于赛道面不会手心或手掌外翻。

学员练习：男女两组，在两个场地，两人一组面对面练习，合作学习，相互帮助。

教师讲解示范、巡视指导：要求每个动作干净利落，正确到位。巡视过程中帮助个别困难学员，发现问题及时纠正。

3. 投壶连贯动作

从投壶准备到发壶连贯完成。把握节奏，无缝衔接，连贯顺畅，一气呵成。

学员练习：分男女两组，在两个场地，两人一组面对面练习，合作学习，相互帮助。

教师讲解示范、巡视指导：整套动作连贯到位。巡视过程中及时纠正学员错误动作,帮助个别困难学员,必要时一对一演示、纠正。

设计意图:投壶准备是发壶前必要的过程,其五个动作需和发壶动作做到有机连接,要规范顺畅,一气呵成。发壶动作是在原先学过的持壶和出手动作中间增加了滑行动作,需要用力、更快地将壶投出,从而投得更远、击打更有力。其动作的规范准确会直接影响到投壶出手时的精准度,需反复训练,不急不躁,刻苦练习。练习时除了老师的指导,同伴的互助也非常重要,应加强团队合作。

(二)直向投营

直向投壶技术是投壶技术中最常用的一项技术,同时又是各种投壶技术的基础。

直向投壶是指投壶队员沿着赛道中线或与中线平行的线路,向有效区方向投壶。

投营是指在不触及任何壶的情况下将壶投掷到大本营。

投壶队员可以在发壶区内任意一点进行投壶,以求最佳投壶效果。在投壶前,应先把壶放置在最佳位置,使投出壶的线路为直向。本课学习的是中路直向投壶,即学习沿中线投营,目标为大本营的圆心。

教师讲解示范:按照所学的投壶动作,眼睛看着目标,向12点钟方向出手,注意力量控制。

学员练习:分男女两组,在两个场地,两人一组面对面练习发壶动作,相互观察,合作学习,相互帮助。

教师巡视指导:了解掌握学员投营的情况,表扬鼓励投营动作、投营效果好的学员,及时纠正学员的错误动作。

设计意图:直向投营技术作为投壶中最基础的动作,出手时力量大小和方向必须有效控制,学员开始学习时很难做到,需要反复练习假以时日才能逐步做到。应在初学阶段树立学员的信心,教师应不断地给予鼓励,不厌其烦地指导帮助,提升学员克服困难的勇气和决心,培养其不屈不挠的精神。

四、反馈总结

(一)直向投营测试

学员练习展示:自告奋勇,男女各两名学员,每人各投营三次。

学员评价:先由投壶学员自评和互评,指出成功在何处?不足在哪里?

教师归纳小结：针对学员的自评互评，表扬优秀，指出不足，扬长避短。

（二）课堂总结

总结本课学习内容、学员的学习表现、技术掌握情况等，鼓励大家相互学习、合作，共同提升技术。

设计意图：通过学员的交流互评，掌握学员学习的成效，对教师课堂教学的效果做出评估，发现学员学习中存在的问题和技术掌握的薄弱点，在以后的教学中加强针对性予以解决。同时，通过学员的交流展示，对于技术掌握较好的学员给予奖励，以榜样的力量，激励其他学员努力奋斗增强信心，对于技术掌握稍逊色的学员给予鼓励，不抱怨不气馁，增强克服困难的勇气和信心。

教学反思

本课中教师能较好地掌控教学节奏，学生也能轻松有效地掌握持壶、出手、投壶几个环节的动作要领。通过课堂示范讲解、实操训练、合作互助、测试反馈等教学活动，从学员实际出发，由易到难循序渐进设置教学任务，提高了学习效率，激发了学习兴趣，实现了三维教学目标的有效统一。

本课理论学习、合作学习与实践操作紧密结合，学员在学到知识、学会技能的同时，提升了学习能力，养成了良好的学习习惯，强化了爱国情感和珍爱生命、乐于助人的情感。同时，逐步形成了克服困难的信心和勇气、永不言败的意志和品质，这也是体育的育人价值所在，需要教师在今后教学中长期坚持。

通过学习，学员的身体素质将得到一定的提高。在两人合作、面对面练习、自评、互评中，加强了同伴间交流和合作，愉悦了学员的心情，增进了老年人间的感情。这些无不体现出"老有所学、老有所乐、老有所为"的社区（老年）教育价值。社区学校、陆地冰壶教室，成了他们最向往的乐园。

松江区泗泾镇社区学校　姚文渊

社区教育社会科学系列

爱在日落黄昏时

——长者生命教育之"四道人生"

📌 教学目标

知识与技能：学习生命故事，结合互动讨论，掌握"四道人生——道谢、道爱、道歉、道别"的具体方法，例如口头表达、书面表达、肢体表达、物品表达等，从而达到生死两相安的目的。

过程与方法：观看安宁疗护病房中的真实照片、视频，朗读生命故事，了解"四道人生——道谢、道歉、道爱、道别"的内容及功能，实现"临终者善终、亲人善别、人人善生"的价值取向。

情感态度价值观：分享交流学习感受，增加对生命关怀的体悟，最终指向人尊重生命、热爱生命的价值追求，助力健康人格的完善与幸福人生的追寻，帮助每个人实现与自我的整合，与他人的友善，与社会的和谐，实现爱在家中流动，滋养幸福的目的。

📌 教材分析与学情分析

一、教材分析

本节课选自《长者生命教育》课程中的第 29 课。该系列课程旨在深化老年人对生命的认知，增强老年人精神力量，切实提升其生命和生活质量。该系列课程包括以健康为核心的老年生存教育，以幸福为核心的老年生活教育，以超越为核心的老年生死教育。本节课选自生死教育维度有关安宁疗护中"四道人生"的内容,具体阐述临终者与家人之间互相的道谢、道爱、道歉和道别。教学时长为45分钟。

二、学情分析

本次授课对象为老年学习者。老年群体已步入人生的中后期阶段,各项生理机能的退化使他们面临去世威胁,加之身边亲历告别阶段的人数逐渐增多,部分老年人对告别感到恐惧和焦虑。从学习特点看,老年学习者热衷于灵活多样、幸福多彩的教学组织形式。综上所述,本课程通过以朗诵、歌曲、短视频等作为课程素材,积极引导学员参与课程活动,解决以往老年生命教育中存在的避而不谈、理论说教等问题,满足学员学习生死教育的学习需求,进一步唤起生命意识,激发生命的活力和潜能,切实提升生命和生活质量。

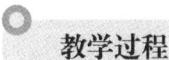

教学过程

一、创设情境　导入新课

1. 诠释"五福临门"的寓意,引出"善终"的话题。
2. 讲述"我与奶奶珍贵合影"背后的生命故事。
3. 介绍"四道人生"的来历与内涵。

设计意图:从人们耳熟能详的成语"五福临门"切入,通过诠释"五福临门"的具体内涵,揭示"善终"的主题,"善终"指向尊重、热爱生命,帮助每个人实现与自我的整合,与他人的友善,与社会的和谐。通过亲身经历,讲述临终者与家属之间围绕"四道"传递爱的重要性。通过介绍"四道人生"的起源及具体内涵,引导学习者对"四道人生"的内涵有初步了解。同时,认识到"四道人生"的重要性,即"四道"指的是临终者与家人之间互相的道谢、道爱、道歉和道别,能有效地减少临终者和家人的遗憾与痛苦,留下美好及难忘的回忆,更平静而无憾地面对和接纳死亡。

二、新课讲授　感悟心得

（一）"四道人生"的内容

1. 道谢：讲述一位罹患癌症的妇人向家属道谢的故事。

2. 道歉：讲述两位兄弟在其中一位弥留之际，两人化干戈为玉帛的故事。

3. 道爱：首先，指明现实生活中含蓄表达爱意的方式。其次，讲述一位四岁孩子如何在安宁疗护志愿者的引导下向即将离世的三十岁父亲道爱的故事。

4. 道别：首先，学习名家语录，讲明面对告别，最好的态度是好好告别。其次，讲解道别是一个自然而然的过程，需要为离开做有准备的告别。

（二）"四道人生"的表达方式

通过案例教学法，了解"四道人生"多样的表达形式，例如语言表达、书面表达、肢体表达、物品表达等。

设计意图： 学员通过学习临终者与家人之间互相"四道"的故事，表明"四道"的重要性及必要性。通过道谢的方式，知道我们的来处，常念感恩之情；通过道歉的方式，常思己过，清生命之感，明生命之理；通过道爱的方式，常常表达爱意与思念，用爱去相处，用爱去生活；当生活来到道别这个阶段，认识到人的生命从呱呱坠地到垂垂老矣是自然而然的过程。同时，通过学习"四道人生"的表达方式，适时适宜有选择地表达爱意。

三、资源交流　总结升华

（一）学习资源分享

分享与课程内容相关的学习资源，如图书《见证生命见证爱》《不在病床上说再见》、电影《寻梦环游记》等，呼吁学习者在班级微信群里进行听后感、观后感、读后感的分享，进一步深化课程内容。同时，分享长者群体受众广泛的听书平台，实现"人人、时时、处处"学习的终身学习目标。

（二）总结升华

联系清明节，指明"四道人生"的内容更要运用于日常生活，强调思政育人的价值取向。

教学反思

长者生命教育的内容满足了人民日益增长的精神文化需要,对应对积极老龄化、健康老龄化,引领长者群体对真善美的追求具有重要的作用。《爱在日落黄昏时——长者生命教育之"四道人生"》这节课,从生命与健康的角度看,旨在帮助临终者"善终"、亲人"善别",助力健全人格的完善与幸福人生的追寻;从生命与成长的角度来看,旨在帮助每个人实现与自我整合、与他人友善、与社会和谐;从生命与价值的角度来看,通过对生命终极问题探讨的需求,增强长者精神力量,切实提升其生命和生活质量,感受爱在家中流动,滋养幸福的情怀,引导学习者感悟千万小家的好家风,铸就社会的好风尚。

师生互动的灵活性有待提高,问题设置需要有代入感、画面感,引发学员主动思考、积极互动的学习意向,营造生活化课堂氛围。课后部分学员反馈日常生活中能够更自然、自觉地与家人朋友探讨有关生死的话题,珍惜当下好好生活,同时有勇气为辞世做准备。

上海市松江区社区学院　刘清圆

防空警报知多少

教学目标

知识与技能：了解防空警报器种类、"全民国防教育日"及防空警报信号的基本用途。增强应对突发事件的能力，提高自我保护能力。

过程与方法：了解三种防空警报信号的鸣叫方式及含义，以及预先警报和空袭警报鸣响期间室内外的防护行动。

情感态度价值观：激发学员的爱国主义精神，增强防空意识和国防观念，明白维护国家安全是每一个公民的责任。增强安全意识，了解防空警报在应对突发事件中的作用。

教材分析与学情分析

一、教材分析

本课教学内容是了解防空警报器种类、"全民国防教育日"及防空警报信号的基本用途，掌握三种防空警报信号的鸣叫方式及含义。教学时长20分钟。

二、学情分析

根据授课内容及学员的特点，本课从认识警报器开始，随后了解防空试鸣警报的具体时间，再由浅入深地让学员掌握三种防空警报信号的鸣叫方式及含义，并能分辨出三种警报的区别。将理论与生活实际相结合，使社区科普课堂更鲜活。

教学过程

一、认识警报器

教师：各位学员朋友们大家好！今天我们来到松江民防科普馆参观和学习。大家一定注意到了在馆内除了我们的布展以外还有一种特别醒目的颜色，是什么颜色呢？

学员：橘色。

教师：为什么是橘色的呢？

学员讨论：这是因为橘色就是我们的人防色，它醒目容易辨别。

教师：大家看，我今天穿着的就是人防服，这个上面也有橘色的元素。另外大屏幕上显示的人民防空标志，我的人防服配套的帽子上也有。我这一身的穿着是不是显得特别精神？70多年前，我国处于水深火热的战火中，老百姓最要紧的就是时刻备战保命，和平年代依然不能松懈。习近平总书记说："我们正面临全球百年未有之大变局"。国际形势动荡不安。作为普通民众，了解一些民防科普知识，未雨绸缪还是非常有必要的。

教师：今天让我们来了解一些与防空警报相关的民防科普知识。在了解防空警报之前，先来了解一下警报器。这里有四款警报器，分别是电动卧式警报器、电动立式警报器、电声警报器和手动警报器。目前松江全域内共有145台警报器，以立式电动警报器为主，并以每年5台的数量不断增加。但现在我们慢慢地将以电声警报器为主，它的优点是声音非常大，传播范围广，缺点是位置相对固定，无法移动。而手动警报器的优点是在无电源情况下也可正常使用并且携带方便，但传播范围有限。

设计意图：通过讲解历史知识和重大事件，把学员的思绪带回到过去国力衰弱，人民蒙难的时代，引出警报器的相关知识。

二、了解"全民国防教育日"

教师：大家知道在上海每年听到警报声是什么时候吗？每年警报拉响的这一

天,是我们的"全民国防教育日",也就是每年九月的第三个星期六。但不是全国所有城市都是这一天拉响警报。北方部分城市,如哈尔滨、长春、齐齐哈尔等,是在 9 月 18 日这一天。南京是 12 月 13 日国家公祭日这天。1937 年的这一天,日本对南京进行了惨绝人寰的南京大屠杀。这一天拉响警报,是为了纪念逝去的同胞,牢记历史。

教师:虽然每个城市防空警报试鸣的时间不同,但目的都是一样的,为悼念该城市在战争中遇难的同胞;进行国防教育,告诫现在的人们勿忘国耻,居安思危,发奋图强;检验防空设备运行状态。

设计意图:了解警报试鸣的时间、意义,使学员深刻感悟过去经历的屈辱,牢记落后必然挨打,常怀忧患之心,奋发图强,让历史悲剧不再重演。

三、了解三种防空警报信号的鸣叫方式及含义

教师:警报声共分三种,分别为预先警报、空袭警报、解除警报。每种警报的时长都是 3 分钟,但表达的意思和拉响后的频率不同。

教师:预先警报,大家从这个名字能大概知道是什么意思吗?预先警报是在获知敌人即将对城市进行空袭的情况下发放的警报信号。鸣 36 秒,停 24 秒,3 遍为一个周期。

教师播放预先警报,让学员试听。

教师:请大家猜一猜是什么情况下会拉响空袭警报?空袭警报用于将要或已经遭受空袭时鸣响,鸣 6 秒停 6 秒,15 遍为一个周期。

教师:解除警报,一目了然,就是空袭结束了,市民可以走出地下防空避难所、人防工程、防空洞,恢复正常工作,鸣 3 分钟为一个周期。

设计意图:帮助学员掌握三种防空警报信号的鸣叫方式及含义,能分辨出三种警报的区别。将理论与实际相结合,使社区科普课堂更鲜活。激发学员振奋精神,增强国防意识,并带动身边人宣传国防、了解国防。

四、了解预先警报和空袭警报鸣响时室内外的防护行动

教师:当我们分别在室内外听到警报声时应该怎么去做呢?

教师:大家可以畅所欲言,聊一聊你觉得当在家中听到警报声,应做些什

么？在室外听见警报声,应该做什么?

设计意图:从课堂中走出来,让课堂内容与生活实际紧密联系,使学员更深刻地感受到学习人防知识的重要性。

五、复习回顾及小结

教师:今天我们来到松江民防科普馆,实地学习了与警报有关的科普知识。了解了警报器的种类,每年各城市试鸣防空警报的日期以及防空警报的种类、鸣响的方式,最后了解了当听到警报后的防护行动。今天我们稳定、和平的生活来之不易,我们不仅要珍惜这来之不易的生活,更要时刻做好准备,以不变应万变。保护好自己,保护好家人,积极参与到全民国防动员中来!

设计意图:总结回顾,升华主题,激发爱国主义情怀,使学员充分认清"有国才有家"的深刻道理,充分感受"强国有我"的使命责任,积极投身强国建设和民族复兴伟业。

教学反思

本课程属于社区教育社会科学系列课程中的安全教育类课程。该课程不仅具有知识普及的功能,更蕴含着丰富的思政价值。通过这门课程的学习,学员不仅能够了解防空警报的相关知识与技能,还能培养爱国主义精神、安全意识,树立正确的国家利益观念。作为社区教育教师,我们有责任和义务深入挖掘课程中的思政元素,为学员提供更加全面、有深度的学习体验。

在课程内容的设计上,注重挖掘与防空警报相关的事件,让学员了解我国在国家安全方面所面临的挑战,明白国家利益的维护需要每一个人的努力,激发学习者的爱国主义精神,增强防空意识和国防观念。在过程与方法上,充分发挥师生双方的主动性,利用防空警报这一抓手激发了学习者的学习兴趣。通过讨论、直观演示等教学方法,使相对概念化的知识内容生动起来,着重培养学习者的安全意识,让他们了解防空警报在应对突发事件中的作用,增强应对突发事件的能力,提高自我保护能力。

松江区永丰街道社区学校　吴瑕

树立安全意识　谨防虚假诈骗

教学目标

知识与技能：了解几种典型的诈骗类型，明确老年群体容易上当受骗的原因，掌握防诈骗知识，能够识别诈骗信息。

过程与方法：在合作探究中掌握诈骗类型和老年群体容易上当受骗的原因，在讨论交流中掌握识别诈骗手段的知识，能够自主识别诈骗信息。

情感态度与价值观：引导学员学习科学知识、遇事勤思考、端正健康理念，努力塑造学习老人、智慧老人、健康老人的良好形象；引导学员学习防骗知识、树立防骗意识的同时，加强其思想道德修养，以修身立德树立长者风范，以学识能力展现睿智品质。

教材分析与学情分析

一、教材分析

本节课以"树立安全意识，谨防虚假诈骗"为主题，主要的教学内容包括生活中诈骗的类型、老年群体受骗的原因、老年群体防诈骗的方法，旨在引导学员意识到诈骗的危害，体会到学习防诈骗知识的重要性，自觉树立防骗意识。

本课内容节选自校本教材《争做文明市民》防诈骗宣传章节，属于总结概括性的内容。本节课通过典型案例和身边故事的分析，总结出老年人容易上当受骗的原因，并在讨论交流中总结出防诈骗的方法。

本节课的教学时长为 35 分钟。

二、学情分析

本次授课对象为车墩镇社区学校老年学员,学员平均年龄为55岁。社会上关于防诈骗宣传的力度很大,学员或多或少对于诈骗案例有一定了解,具备一定的防诈骗知识。由于近年来社会上针对老年人的诈骗案件频发,诈骗者的诈骗方式也是层出不穷,许多老年学员在日常生活中常常接收到诈骗信息,自己或家人被骗的也不在少数。因此,老年群体更应成为社区教育防诈骗宣讲的重点关注对象。

教学过程

一、故事导入

1. 故事导入

教师讲述身边人的故事。

总结:社会上针对老年群体的诈骗案件比例偏高,老年学员在生活中不要盲目相信他人,要树立安全意识,谨防虚假诈骗。

2. 导入课题:树立安全意识,谨防虚假诈骗

设计意图:讲述身边的故事导入课题,亲切、自然,激发学习兴趣。

二、明理导行

(一)辨一辨

案例1:保健品诈骗

1. 播放影视剧片段。

2. 教师引导:影视剧片段讲述了什么故事?我们从中得到哪些启示?

3. 学员讨论、交流。

总结:案例中的老人盲目听信他人,购买、食用大量保健品,损失钱财,危害健康。要做智慧老人,遇事勤思考、多沟通,不盲目听信他人;做健康老人,树立正确的健康观念,如果生病,就要科学就医。

设计意图：引导学员学习科学知识，遇事勤思考，做智慧老人，端正健康理念，做健康老人。

案例2：投资理财诈骗

1. 播放"投资理财诈骗案"视频。

2. 教师引导：视频讲了什么故事？视频中老人有什么特点？我们从老人的故事中得到哪些启示？

3. 学员讨论、交流。

总结：老年人在选择理财产品时，往往仅追求高收益、高回报，对投资知识了解甚少，对投资风险预见不足。要做学习老人，树立终身学习观，学习投资、理财小知识；做风范老人，虚心学习，听人劝，相信天上不会掉馅饼。

设计意图：引导学员树立终身学习观，做学习老人，不贪图小便宜，做风范老人。

案例3：中奖骗局

家住市区的马大爷前段时间收到一封信，信封里是一公司送的"刮刮奖"卡片，还有公证书。马大爷仔细一看，自己竟然中了200万元巨奖，高兴之余的马大爷立即拨打卡片上电话要求兑奖。随后，他根据电话要求分别打款逐步被人骗走了16万元。

1. 教师引导：马大爷为什么会受骗？如果你收到了同样的短信，你会怎么办？从马大爷的故事中，我们得到哪些启示？

2. 学员讨论、交流。

总结：老年人思想单纯，容易贪图小便宜。要做智慧老人，相信天上不会掉馅饼；做风范老人，不贪图小利。

设计意图：引导老人遇事多思考，做智慧老人，不贪便宜，做风范老人。

(二) 说一说

1. 教师说一说受骗经历。

2. 学员说一说受骗经历。

总结：通过身边的诈骗案例，吸取经验、教训，防止上当受骗。

设计意图：引导学员从受骗经历中吸取教训防止上当受骗，做智慧老人。

(三) 理一理

1. 教师分析自己受骗的原因。

2. 提问：老年人为什么容易受骗？

3. 讨论：老年人为什么容易受骗？

总结：老年人受骗的主要原因为(1)防骗意识薄弱；(2)有情感需求；(3)有求于人；(4)急功近利；(5)贪图小利。

设计意图：引导学员总结出老年人容易上当受骗的原因，推己及人，有则改之，学做风范老人和智慧老人。

4. 讨论：老年人在生活中怎样防止受骗？

学员讨论、交流。

总结：老年人防止受骗的方法有(1)做学习老人，树立防骗意识；(2)做智慧老人，辨别诈骗信息；(3)做风范老人，消除贪图小利、跟风心态；(4)做健康老人，端正健康理念

设计意图：引导学员总结出防骗的手段和方法，在生活中能够识别诈骗信息，防止上当受骗，以修身立德树立长者风范，以知识能力展现睿智品质。

(四) 演一演

教师扮演诈骗者，学员扮演被诈骗者，看学员在故事中会怎么应对，并请学员点评他的做法。

诈骗故事1：

诈骗者拨通被诈骗者电话："你好，我是上海市公安局松江分局的褚警官，我们通过调查发现你有一笔资金涉嫌洗钱，为了证明你的清白，请将名下账户的钱款打到安全账户，稍后我将会以短信的形式把安全账户账号发送到你的手机上。"

诈骗故事2：

诈骗者搭讪被诈骗者："阿姨您好，我是长寿医疗有限公司的健康顾问，我们公司在附近举行面向老年人的公益讲座，讲座免费，还有小礼品发放，您感兴趣吗？"

教师提出问题：如果在生活中遇到诈骗应该怎么办？

学员讨论、交流。

总结：一旦发现遭遇诈骗，不要慌张，保留好证据，及时告知子女，投诉或报警，坚决利用法律武器，使不法之徒接受应有的惩处，追回损失。

设计意图：引导学员将学习到的防骗知识应用到生活中去，遇事勤于思考，做智慧老人。

三、小结与拓展

引导学员总结本节课的内容。

总结：做学习老人，树立防骗意识；做智慧老人，辨别诈骗信息；做风范老人，消除贪图小利、跟风心态；做健康老人，端正健康理念。生活中遇到诈骗，保留好证据，及时告知子女或者报警。以修身立德树立长者风范，以学识能力展现睿智品质。

四、课后延伸

1. 将本节课学到的防骗知识，宣传给身边的人。
2. 遇到身边的人被诈骗，及时劝阻并报警。

设计意图：引导学员将本节课学习到的防诈骗知识，分享给身边的人，以修身立德树立长者风范，以学识能力展现睿智品质。

五、板书设计

树立安全意识　谨防虚假诈骗

辨一辨：意识薄弱、急功近利、固执、贪小便宜

说一说：吸取教训，总结经验

理一理：健康老人、智慧老人、学习老人、风范老人

演一演：保留证据，寻求帮助，报警

教学反思

通过案例、故事引导学员展开讨论，主动融入课堂；教师"现身说法"，讲出自己受骗的故事，激发学员的"分享欲"，帮助学员汲取经验、教训，引发其进一步思考如何避免上当受骗。教学过程中，教师引导学员完成教学中的任务，学员始终处于教学主体地位。

本课通过实际案例的展示，让学习者明白，意识薄弱、急功近利、固执、贪小便宜等心理状态是导致受骗发生的主要原因。通过"说一说"环节，引导学员分享自己或身边人的受骗经历，并从中吸取教训，总结防范诈骗的经验。这一环节旨在培养学习者的自我保护意识和风险防范能力。在"理一理"环节中，教师引导学员总结出防骗的手段和方法，帮助老年学员在生活中识别诈骗信息，以修身立德树立长者风范，以知识能力展现睿智品质。

通过本次课程的学习，学员们不仅掌握了防范诈骗的技巧和方法，更重要的是在思想上得到了升华。他们更加关注自身的身心健康，树立了守法诚信的意识，理解了自由平等的价值。

松江区车墩镇社区学校　褚福玲

社区特色系列

茸城丰碑　人文行走

背　景

2021年,在建党100周年之际,松江区教育局联合区文明办、区文旅局等委办局共同推出了"茸城丰碑　人文行走"红色修身路线。路线以中国共产党百年奋斗历程的时间线为主脉络,以中国共产党重要历史时期内发生在松江的标志性事件、具有深远影响的代表性人物为线路节点,深入挖掘松江红色文化、社会主义先进文化和"科创　人文　生态"现代化新松江发展景观,穿点成线,形成了社区教育人文行走特色系列。

活动目标

通过引导市民在行走中寻找、发现遍布于松江大街小巷的红色地标,触摸红色松江的文化脉搏,在体验、分享中追忆革命岁月,领悟革命精神,用沉浸式主题教育于无声处加深市民对自己所生活的这座城市的了解,激发市民爱党、爱国、爱家乡的情怀。

活动内容

一、设计一条人文行走路线

这条人文行走路线,在区内东西两翼共设两条线路。考虑"行走"元素集中点位,一条是以烈士陵园、侯绍裘雕塑为主的"东线",共七个点位;一条集中在

"西线"新浜镇,以陈云与松江地区农民暴动史料展为主,共五个点位。两条红色线路将初心传承、红色历史、现代发展有机融合。

线路一:吴光田墓——夏秋生塑像——侯绍裘塑像——松江烈士陵园——车墩镇非遗传承中心——米市渡村"百年渡口"——庆阳书屋

线路二:陈云与松江地区农民暴动史料馆——毛泽东像章纪念馆——南杨村规划展示馆——日寇碉堡遗迹——"爱莲说"松江区廉洁文化教育示范点

二、培育一支导学团队

开展导学志愿者招募活动。首先,由专业老师对志愿者进行初步培训。随后,志愿者们开展导学服务,导学内容以不同路线、不同场馆中历史人物的故事为主。活动结束后,根据市民的反馈与评价,再次组织培训,反复打磨课程内容,使其更接地气、更富感染力,更有教育意义。导学志愿者团队以"规范化、常态化、特色化、专业化"为目标,建立健全管理机制,不断提升服务能力与水平。志愿者将个人优势与市民的学习需求紧密结合,在导学服务中融入了唱红歌、编草鞋、剪红船、画国旗等特色活动,丰富了活动内容与文化内涵,受到了广大市民的喜爱。在导学志愿者的带领下,市民们用脚丈量着松江的土地,用心感悟着革命的意义。

三、提供多元支持服务

1. 依托"云间众学"公众号开设线上学习平台,丰富学习途径。
2. 制作一份行走地图,供学习者在行走中参阅。
3. 编辑一本学习手册,市民朋友们可边走、边看、边记录。
4. 张贴一组人文行走移动平台的二维码,方便学习者在人文修身点扫码学习。
5. 录制一组视频和音频,供市民拓展学习之用。
6. 组建一支志愿者队伍,根据需要为学习者提供讲解服务。

设计意图

"茸城丰碑 人文行走"项目充分挖掘松江红色资源,将红色基地、红色场馆、红色人物、红色精神等融入课堂及育人的全过程,使红色文化成为市民日常学习、生活的一部分。市民在参观红色场馆、了解革命先烈事迹的过程中,零距离感受革命历史的厚重底蕴和红色文化的深远魅力,通过耳濡目染重温党的光辉历程与优良传统,增强对红色文化的认同度、自信心和自豪感,从而铭记光辉历史、发扬红色传统、传承红色基因。同时,把社区居民修身立德主题活动与深入学习贯彻习近平新时代中国特色社会主义思想和党史学习教育有机结合,讲清楚成就背后的政治优势和制度因素。通过"人文行走"的形式展示了建党百年来,党和国家事业发展的伟大成就,推进社区居民修身立德、知行合一,推动城市精神走进社区居民心中,融入城市血脉。参与者在实践中汲取巨大的精神力量,将其内化为优秀品质,避免了"只行走不思考"的现象,在"理论—实践—理论"的反复过程中达到行知合一、格物致知。

上海市松江区教育局职业教育与终身教育科

我心向党　学史力行

——2021年松江区学生社区实践活动

背　景

1921年至2021年,中国共产党从星星之火到燎原之势,从革命到执政,从解放到复兴。整整100年,世纪沧桑巨变,百年风雨兼程。为庆祝中国共产党成立100周年,继承和发扬党的光荣传统和优良作风,进一步激励少先队员和青年团员们坚定理想信念,激发他们的历史责任感,在松江区文明办和教育局指导下,上海市松江区社区学院联合街镇学生社区实践指导站,特推出"我心向党　学史力行"主题学生社区实践活动,追忆一个前无古人的伟大创举,一部惊心动魄的奋斗史诗。

活动目标

上海作为中国共产党的诞生地、全国改革开放的排头兵,有着丰富的"红色"教育资源,本次活动以学生喜闻乐见的方式深化"建党100周年"主题教育活动,引导少先队员和青年团员们了解党的奋斗历程和建设成果,珍惜今天来之不易的幸福生活,不断增强历史使命感和责任感,努力成长为能担当民族复兴大任的新时代好少年。

活动内容

活动主题: 我心向党　学史力行

活动形式: "五个一"

活动设置五个主题,并配套设计了一份《"红色"学习笔记》,请参赛学生按要

求完成相应主题下的配套任务,详情如下:

主题一:读一本好书,筑梦新时代

《写给青少年的党史》丛书围绕"中华民族是怎样站起来、富起来、强起来的"这一主旨,按历史阶段分编成六卷,活动选取第六卷《筑梦新时代》。该书介绍了中国特色社会主义进入新时代,意味着中国模式拓展了发展中国家走向现代化的途径,给世界上那些既希望加快发展又希望保持自身独立性的国家和民族提供了全新选择,为解决人类问题贡献了中国智慧和中国方案。如何用中国智慧建构一套有解释力的话语? 在本书中,张维为教授结合自身经历,从国内外热点、难点问题切入,将互联网思维融入中国话语体系,以生动鲜活的热点问题为切入口,建构出了一套政治领域的"中国标准"。

发放书籍《筑梦新时代》,从"学习强国"上搜索相关的音频材料进行深入学习,完成《"红色"学习笔记》任务一的读书笔记。

主题二:观一部优秀影片,禾下丹心《袁隆平》

影片《袁隆平》介绍了安江农业学校的青年教师袁隆平潜心研究生物遗传学的事迹。他清楚地意识到"民以食为天"的人类生存法则,决心要研究出高产的杂交水稻。在三亚农场历经多次失败后,袁隆平意识到应在"远缘杂交"上寻找突破。经过坚持不懈的努力,他和助手们终于找到了败育型雄性野生稻。随着野生稻和栽培稻杂交成功,杂交水稻在全国推广,大面积种植。

据统计,杂交水稻所产的粮食每年可多养活1亿人口。袁隆平以"让人类摆脱饥饿,让天下人都吃饱饭"为己任,为世界粮食安全作出了杰出贡献。

扫描《"红色"学习笔记》任务二的二维码,观看影片《袁隆平》,记录观影感悟。

主题三:走一条红色路线,追寻先辈印迹

"茸城丰碑 人文行走"红色修身路线,以建党100周年为契机,以中国共产党百年奋斗历程的时间线为主脉络,以中国共产党重要历史时期发生在松江的标志性事件、具有深远影响的代表性人物为路线节点,深入挖掘松江红色文化、社会主义先进文化和"科创、人文、生态"现代化新松江发展景观,穿点成线,在区内东西两翼推出了两条红色线路。

一条是以烈士陵园、侯绍裘雕塑为主的"东线",一条以陈云与松江地区农民暴动史料馆为主的"西线"。两条红色路线将初心传承、红色历史和现代发展展望有机融合。青少年学生可自由选择1—2条路线开展"人文行走"并完成行走记录。

主题四:做一次志愿服务,干在实处走在前列

化身志愿者,服务身边人。设想你的服务方案并在学习笔记上呈现。

化身小小宣传员,向身边人宣传党史,形式不限。

化身小小讲解员,深入社区,讲解垃圾分类、交通安全、健康居家等知识。

化身小小服务员,开展便民志愿服务。

主题五:绘一份手抄报,小小少年我心向党

在《"红色"学习笔记》学习成果展示页完成创作,用手抄报形式呈现完成"红色"学习任务的收获。

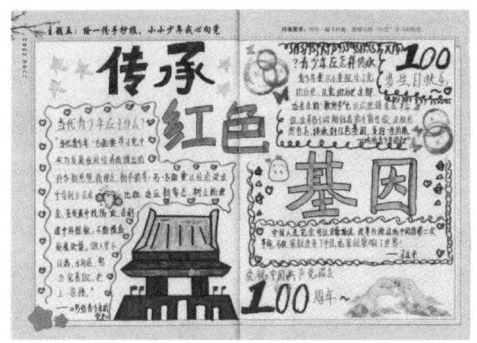 

图 1 作品《传承红色基因》　　　　图 2 作品《童心向党》

设计意图

"我心向党　学史力行"活动,旨在引导学生深入学习党的历史,了解党的初心和使命,理解党的伟大事业和奋斗精神,增强对党的认同感和归属感,培养学生的爱国情怀和社会责任感。

价值观引导:通过"五个一"活动,引导学生树立正确的价值观,培养学生的道德品质和社会责任感。

审美教育：通过观看优秀影片，提高学生的艺术修养和人文素养。

红色文化传承：通过走红色路线，促使学生了解革命历史和传统文化，培养文化自信和传承意识。

社会实践：通过志愿服务，使学生了解社会需求，培养学生的社会责任感和实践能力。

创意思维：通过手抄报创作，培养学生的创新意识和表达能力。

上海市松江区社区学院　谢亚红

"知布织道"学习坊,带着非遗文化进社区

背 景

"松江布"泛指松江及其附近地区出产的棉布。松江布曾是中国棉布的"金字招牌",享誉全世界。根据上海市教委《2019年上海终身教育工作要点》要求,永丰街道社区学校充分融合高校、企业、社区街道的优质资源,协同松江布展示馆、东华大学服装与艺术设计学院和纺织学院等单位,共建"知布织道"学习坊,打造服务社会、面向市民、落地社区的惠民项目。

活动目标

学习坊通过实物展览、图片比对及开设棉纺织布艺、印染、手工织造、布料拼接、服装搭配等互动课程,使市民在寓教于乐的过程中,更全面地认识松江布,领略"松郡棉布衣被天下"的无穷魅力,传承发扬优秀非遗文化,激发对家乡的热爱之情。

活动内容

(一) 讲座进社区

聘请非遗传承人,通过居委会点课的形式进社区宣讲"松江布"非遗文化。争取做到定期开展"松江布"非遗文化教育活动,将"非遗"真真实实带到社区。

(二) 开设长班学习

"知布织道"社区学习坊已开设三期长班。在课程设置时,将"松江布"非遗文化融合其中,引发市民对非遗文化的兴趣。

(三) 研发系列微课程

针对不同人群的学习特点和需求,学习坊整合社区资源,设计主题,拍摄"松江布非遗文化"系列微课。目前已有《松江布染织工艺》《松江布摆件制作》《松江布服饰制作》等多个系列。

(四) 其他活动

1. "松江布"之美摄影征集

举办摄影大赛,鼓励市民和摄影爱好者用镜头记录松江布的美,展示非遗文化的魅力。

2. 松江布时装秀

学校把"松江布"非遗文化与学校时装走秀班结合起来,在大仓桥下举办松江布时装秀,展示松江布制品的时尚魅力,推动非遗文化融入现代生活。

3. 手工文创市集

组织松江布文创产品制作活动,并在各社区巡展优秀国潮文创产品,让社区居民在制作中体验非遗文化,在展览中产生文化认同,在使用中坚定文化自信。

图1 松江市文创产品展示

4. 非遗文化研学游

学校将学习坊课程与未成年人暑期工作相结合,引领未成年人了解"松江布"非遗文化,并且爱上"松江布"非遗文化。带领学生参观松江布生产基地,体验非遗文化,激发青少年对传统文化的热爱,培育非遗文化传承人。

设计意图

松江布曾是中国棉布的"金字招牌",誉满天下。为传承发扬非遗文化,激发社区居民对家乡的热爱之情,永丰街道社区学校充分挖掘高校、企业、社区街道优质资源,协同松江布展示馆、东华大学服装与艺术设计学院和纺织学院等单位,共建"知布织道"学习坊,使市民更全面地认识松江布,在传承与创新中,打造服务社会、面向市民、落地社区的惠民项目。

"知布织道"学习坊旨在深入挖掘和传承松江布这一非物质文化遗产的丰富内涵和独特价值,通过开展社区讲座、专题学习班、微课程开发、摄影大赛、时装秀展演、手工文创市集以及非遗文化研学游等一系列多元化和创新性活动,吸引广大市民参与,使其全方位地感受、理解和传承松江布文化。参与者在寓教于乐的过程中领略松江布的无穷魅力,在亲手体验非遗文化独特技艺的过程中增强对传统文化的认同感和自豪感。同时,"知布织道"学习坊激发了更多市民对非遗文化的兴趣和热爱,在培育非遗文化传承人,共同守护和发扬优秀传统文化,为非物质文化遗产的传承和发展贡献自己的力量。

松江区永丰街道社区学校　王廷君、陆逸文

追寻红色记忆 传承红色基因

——"红色新浜"人文行走活动

背 景

松江区新浜镇地处青浦、金山交界,西临浙江,北有大蒸塘,四面环江,是一个有着革命传统的小镇。在这块绿水环抱的土地上,留下了许多革命先辈的足迹,也留下了许多可歌可泣的英雄事迹。为贯彻落实习近平新时代中国特色社会主义思想和党的二十大精神,学校充分挖掘和利用当地的红色文化资源,串点成线,形成了"红色新浜"人文行走路线,更好地发挥红色阵地的育人功能。

活动目标

通过开展"红色新浜"人文行走活动,使市民得以在近距离参观红色阵地的过程中,深入了解革命先辈的丰功伟绩,切身感受艰苦卓绝的革命征程,真切体会革命精神的伟大力量,从中汲取正能量,进一步增进爱党之情,厚植爱国主义情怀,树立民族自豪感和自信心。同时,进一步提升红色阵地的宣传教育作用,充分发挥红色资源优势,营造浓郁的党史学习教育氛围,为乡村振兴注入新的活力。

活动内容

一、人文行走路线

(一)了解一位革命伟人——参观毛泽东像章纪念馆

毛泽东像章纪念馆位于新浜镇南杨村,是由新浜籍的全国红军小学建设工程办公室主任、老党员吴仁杰自筹建立,现由传承人吴建东用心维护,先后被评为"松江区新时代文明实践点"和"松江区修身立德社区教育市民体验基地"。整个展厅建筑面积约500平方米，馆内陈列了一尊2.6米高的木雕毛泽东全身像，珍藏了1000多枚毛泽东像章，汇集了100余幅伟人照片，收录了众多经典著作，展示了伟人毛泽东的丰功伟绩。

（二）重温一段革命故事——参观陈云与松江地区暴动史料馆

陈云与松江地区暴动史料馆位于新浜镇赵王村，是区级爱国主义教育基地。陈列室占地面积约500平方米，建筑面积200平方米。

展出史料分为"旗帜引领　风起云涌""革命先锋　斗志激昂""英雄无畏　坚持斗争""永葆初心　砥砺前行"四个部分。通过历史图片和资料，真实反映了1927年大革命失败后的时代背景、陈云领导被压迫农民举行枫泾暴动的过程以及暴动失败后成功地撒下革命的种子，传播党的思想，为当地的革命斗争打下坚实基础的史实，展现了革命先辈们坚定的理想信念和不畏艰难的斗争精神。

（三）寻访一处抗战遗址——参观沪杭甬铁路碉堡群

沪杭甬铁路碉堡群位于新浜镇鲁星村，是抗战时期日寇为监视铁路和水路枢纽而建，是日本侵华留下的较完整的防御工事之一。目前除炮楼和瞭望塔外，其他营房建筑均已倒塌消失。炮楼高约7.8米，为三层圆形建筑，每层都设有枪口，从低中高三个高度进行防御。瞭望塔为三层方形塔楼，作为哨所监视当时的交通要道沪杭甬铁路线和南侧水路枢纽南湾港。碉堡内部的楼板现在已经破损消失，但碉堡上留下的痕迹，时刻提醒着后人要牢记历史，不忘过去。

（四）云走一段长征路——VR体验爬雪山

过雪山是红军长征中最艰苦的行军之一。红军翻越的雪山，海拔大多在4000米以上，空气稀薄，人迹罕至，白雪皑皑，山高谷深，气候变幻无常。VR虚拟现实技术模拟了红军冒风雪，战严寒，在崎岖的山路上艰难前行的场景。市民头戴VR眼镜，重走当年红军战士们走过的路，身临其境地体验长征历程中行军难、饮食难、御寒难的艰辛，从中感受到红军将士们身上不畏艰险、英勇顽强的革命精神。

二、特色实践活动

(一)"阅读红色经典　感悟红色文化"读书交流会

学校自编了《新浜农民革命斗争故事》读本,主要介绍新浜革命先辈的丰功伟绩,在人文行走活动中发放给市民阅读,再通过读书交流的形式,共抒爱国情怀。

(二)"记录红色新浜　继承革命传统"作品征集活动

学校面向市民征集以"记录红色新浜　继承革命传统"为主题的摄影、手工、绘画、书法作品,鼓励市民以不同的艺术形式展现中国共产党的伟大成就,表达爱党爱国之情。

图 1　彩墨画《毛泽东像章纪念馆》　　图 2　书法作品《庆党百年华诞》

(三)"讲好新浜故事 弘扬民族精神"故事讲述比赛

学校开展"红色新浜"故事讲述比赛,为市民抒发爱国之情,弘扬民族精神,提升民族自豪感搭建平台。

设计意图

以"了解一位革命伟人""重温一段革命故事""寻访一处抗战遗址""云走一段长征路"为四大主题,"红色新浜"人文行走路线通过宣传革命先烈的英勇事迹,以读书交流会、作品征集、故事讲述比赛等特色实践活动,引导市民了解历史,缅怀先烈,从而厚植爱国主义情怀,坚定理想信念。

以体验的形式走进新浜,读懂新浜,既创新了沉浸式思政育人的模式,更使市民从中得到精神启迪和心灵滋养,在潜移默化中引导市民树立正确的历史观、民族观、国家观,拓展了红色教育的深度和广度。

松江区新浜镇社区学校　张昕懿、李晓靓

悦耳"洞"听　声入人心

背　景

为响应国家的号召,让更多社区居民(尤其是老年人)能享有时时能学、处处可学的机会,洞泾镇社区学校携手洞泾镇党群服务中心,推出了以党员及社区居民为主要学习群体的"洞乐汇"党群服务中心。

"洞乐汇"党群服务中心内设有窗口受理区、图书馆、多功能文化服务等功能室,同时也提供可开展体育健身、读书学习、展览展示和文化活动的场所,集多种功能于一体,是党员与群众共享的"红色家园"。作为一个为党员和群众提供综合性服务的支撑平台,"洞乐汇"依照"党委领导、区域统筹、多方参与、共驻共建"的方式建设成为基层服务群众的终点站,每年开展各级各类党员培训和面向社区居民的学习活动,以更好地发挥基层党组织政治引领、综合治理、凝聚力量、为民服务的作用。自2020年起,其开设的悦耳"洞"听系列有声微课更是得到广大党员、群众的欢迎。

活动目标

悦耳"洞"听系列有声微课紧扣党建工作总体要求,立足社区居民学习需求,旨在通过创建音频学习资源,搭建在线学习平台,设立诵读经典、学习四史、感知节气三大板块,为社区居民与党员打造时时能学、处处可学的移动学习环境,助力老年学习者"用耳朵来解放眼睛",以"互联网+"的新模式传递指尖正能量,营造"悦耳洞听、声入人心"的浓厚学习氛围,提升社区凝聚力。

活动内容

一、组建团队，开发课程

成立了由社区学校专兼职教师、党群服务中心党员和学员志愿者为"主力军"的有声微课开发团队，统筹规划三大板块的学习内容、教学重难点、课程实施方案、教学策略和在线学习技术支持等，确保课程内容全面贯彻党和国家教育方针、落实立德树人根本任务，成为培育和践行社会主义核心价值观的重要载体。

二、多管齐下，学有所获

（一）诵读经典

雅言传承文明，经典浸润人生。红色经典进社区既是倡导社会文明之风，以史为鉴，与时俱进，也是对革命精神的弘扬和传承。参与诵读经典课程学习的学员不仅可以在无限次回听的过程中，聆听、模仿教师的咬字发音、语音语调，还能得到一对一的专业指导，逐步提升语言表达能力及形象塑造能力，激发了党员和社区居民诵读红色经典的热情。通过诵读经典作品，党员和社区居民切实感受到了祖国的时代变化和文学语言的博大精深，也在潜移默化中形成了用艺术形式表达美好生活，坚持构建和谐社会和传承中国改革创新精神实质的意识。

（二）学习"四史"

学史明理、学史增信、学史崇德、学史力行，学习"四史"文化，弘扬"四史"精神是每一名党员的必修课。洞泾镇社区学校的党员教师率先垂范，通过悦耳"洞"听系列有声微课讲好党史小故事，传承红色基因，传播正能量。党员教师们根据教学对象的特点，在讲解过程中穿插了洞泾方言，用乡音拉近与学员之间的距离，受到了学员的热烈欢迎，教学效果显著提升。

将"四史"教育纳入悦耳"洞"听系列有声微课，充分发挥了党建思想引领、策略指导和党员教师先锋模范作用的优势，更好地围绕社区居民这一主体，把全员全程全方位育人落到了实处，也把立德树人中心环节落到实处，为提升党群服务中心和社区学校党建工作质量拓展了实践途径。

（三）感知节气

二十四节气是中国传统农耕文化的重要组成部分，不仅反映了中国人民对自然环境的敏感和洞察力，还凝结着千百年来的智慧和对大自然的敬畏之情。悦耳"洞"听系列有声微课重点介绍了与二十四节气相关的饮食、民俗及农事，并融入了诗词、音乐以及各类科学养生类知识，搭建了二十四节气知识体系。

为使学习内容更"有声、有色、有型、有感"，洞泾镇社区学校根据音频课程内容编写出版了《二十四节气食之蜜》《二十四节气民俗读物》和《二十四节气农事读物》等书，营造书香校园，探索校园文化建设新路。

设计意图

悦耳"洞"听系列有声微课是洞泾镇党群服务中心整合党建、政务和社会服务等各种资源的创新之举。课程内容以全面贯彻党和国家教育方针、落实立德树人根本任务，培育和践行社会主义核心价值观，旨在满足居民终身学习需求，拓宽其视野，增强其自信，培养其现代公民意识，让线下单一途径的"集中学"，向线上灵活便捷的随时学、随地学、自主学转化，进一步提高居民的参与度。

通过诵读经典作品，感受祖国时代变化和文学语言的博大精深，形成用艺术形式表达美好生活、构建和谐社会的意识，传承中国改革创新精神实质。通过悦耳"洞"听系列有声微课讲好党史小故事，充分发挥党员教师先锋模范作用，围绕社区居民这一主体，把立德树人中心环节落到实处，为提升党群服务中心和社区学校党建工作质量拓展了实践途径。

松江区洞泾镇社区学校　蔡虹刚

弘扬非遗文化　保护民间瑰宝

——车墩丝网版画"画生香"书画社学习点活动介绍

学习点介绍

车墩镇"画生香"书画社成立于2011年10月,2016年被评为松江区"修身立德优秀创作基地"、2017年被评为上海市老年教育社会学习点,集培训、创作、体验、宣传和课程开发五大功能于一体。张玉良为丝网版画学习点的负责人,钱斌、顾培莲、尤凤、朱永康等近20人为丝网版画优秀创作骨干。2019年,该团队成功获评市五星学习团队称号。

2021年9月29日,丝网版画创作基地迁址到古色古香的华阳老街。2021年3月20日,车墩镇丝网版画美术馆挂牌。学习点建筑面积约600平方米,里面各种用于版画创作、制作的专业设施设备一应俱全,共有教室一间、展览厅四间、操作间两间,并设有独立的丝网版画美术展示馆,目前已是上海市人文行走点位。"画生香"女子丝网版画创作团队曾获全国巾帼文明岗称号。

丝网版画介绍

20世纪七八十年代,松江区车墩镇农民在松江美术馆周洪声、朱荫能老师的指导下,结合剪纸、陶瓷、蜡染、蓝印花布装饰、木版画、刺绣、皮影等民间艺术,培育了富有泥土气息的车墩镇民间艺术瑰宝——农民丝网版画。松江先后被文化部(现文化和旅游部)命名为"中国现代民间绘画画乡""中国民间文化艺术之乡",华阳乡(车墩镇)则成立了全国第一家乡级农民丝网版画研究会,所创作品在上海、全国、国际性的画展中屡屡获奖。2011年至2023年,车墩镇凭借丝网版画连续12年荣获"上海民间文化艺术之乡"荣誉。

丝网版画于 2013 年被列入第四批松江区非物质文化遗产代表性项目名录。丝网版画以丝网为媒介，将画转印到纸或其他承印物上，把具有江南民间艺术特色的农民画与现代丝网感光技术融合在一起，再结合蓝印花布孔板、丝印孔板、绘印、刻印等技艺，最终形成松江农民丝网版画古和今、土与洋巧妙结合的画风。丝网版画传承了多项民间艺术的精华，如剪纸艺术、中国古代画像砖、中国古代陶瓷艺术、民间灶画、民间剪纸、民间刺绣等；同时，还融合了现代绘画特征。它以江南农村生活素材为创作背景，是乡村农耕文化、民俗文化、人文思想、生活与生态的真实写照，抒发了农民对生活的热爱之情。

活动介绍

（一）指导思想

车墩镇社区学校联合车墩文化体育服务中心与市社会学习点"画生香"书画社理事会，以"保存民族特色，突出乡土特色，加强时代特色"为宗旨，以满足群众日益增长的文化需求为出发点，以构建"画镇车墩"为目标，开展丝网版画传承与普及活动，着力打造地区文化品牌，为"四个车墩"建设作贡献。

（二）活动主题

本次活动的主题为"弘扬非遗文化　保护民间瑰宝"。

（三）活动宗旨

非遗文化作为中华传统文化的民间艺术瑰宝，无论从历史发展还是现实启示来看，其发展对推进社会文明、经济发展、文化繁荣、民风和谐及市民文明素养的提升均有举足轻重、不可替代的作用。依托"画生香"书画社，学习点开展面向不同人群的培训课程及体验活动，丰富学习内容、创新学习形式、制作微课视频，孵化学习团队，不断扩大车墩丝网版画学习人群的覆盖面。

（四）活动对象

车墩镇社区居民及附近街镇居民。

（五）活动安排

1. 培养丝网版画社区点

通过孵化学习团队，不断扩大学习队伍，再由学习者带动自己辖区发展成丝网版画社区点,把丝网版画延伸到各家各户,为版画在车墩生根、发芽、开花创造了有利的条件。

2. 开设丝网版画课程

学习点开发了《我爱版画》《丝网版画入门》等优秀教材,其中《丝网版画创作技法》被评为上海市老年教育百门精品课程。课程将理论与实践相结合,教学内容由五个单元构成,包括丝网版画的起源与发展、制作工具与材料、制版技法、印刷技法和作品欣赏。版画教材浅显易懂,可满足不同人群、不同层次社区居民的学习需求。社区学校还与松江区社区学院共同开发了十节微课程,实现了线上线下相结合的教学模式。

由于车墩镇党委、政府的重视,全镇中小学校实施了"丝网版画进课堂"工程,编辑了《中小学丝网版画教程》,让学生了解家乡的文化艺术,培养学习兴趣,以期为丝网版画事业的发展注入新的力量。

3. 开展非遗进社区活动

为吸引更多市民参与丝网版画的学习,学习点走出非遗传承中心,通过节日、周末、寒暑假等契机实现与社会单位的合作共建,深入基层举办非遗印刷体验活动,带领市民欣赏丝网版画作品,参与体验印刷。学习点还走进学校、消防站等部门开展非遗进社区活动,扩大学习辐射面。

4. 举办丝网版画展览

图1 二十四节气丝网版画作品展　　图2 "风华百年　布艺传说"丝网版画作品展

如今,"画生香"书画社学习点在继续传承发扬优秀民间文化的同时,大胆融合当下时尚元素设计文创产品,开发丝巾、暖手宝、茶杯、梳子、笔记本、卡套、日历、伞、汉服、T恤和旗袍等各类衍生品,多渠道弘扬社会主义核心价值观,传递正能量!

设计意图

车墩镇丝网版画"画生香"书画社学习点旨在通过举办多元化的社区教育活动,深入探索、系统传承,并积极宣扬非物质文化遗产——丝网版画。为实现非遗文化的广泛普及,学习点开设丝网版画课程,教授学员理论知识和实践技能,让学员感受丝网版画的独特艺术魅力,并在学习过程中逐步增强对传统文化的认同感和自豪感。同时,通过非遗进社区活动和举办丝网版画展览,进一步扩大了丝网版画的社会影响力和受众基础。

作为终身教育的一项特色学习内容,丝网版画以其浓浓的乡情和质朴鲜活的艺术形式造就了文化与教育相结合的有效载体。"画生香"书画学习点也将为持续提高市民文化素养,丰富市民终身教育课程内容而继续努力。

松江区车墩镇社区学校　范琳莉

以声传情　以诵修身

——新桥镇新时代文明实践优秀服务项目"红枫驿站"

背　景

最是书香能致远，腹有诗书气自华。习近平总书记指出，阅读是人类获取知识、启智增慧、培养道德的重要途径，可以让人得到思想启发，树立崇高理想，涵养浩然之气。2014年以来，"全民阅读"连续10次被写入政府工作报告。《中华人民共和国国民经济和社会发展第十四个五年规划和2035年远景目标纲要》明确提出，要"深入推进全民阅读，建设'书香中国'"。

新桥镇社区学校经过多年努力，不断创新工作形式，丰富工作内容，通过开设"经典诗文"诵读班、开展读书节系列活动、培育诵读沙龙团队等活动，在社区中培育了一大批诵读爱好者。为用好现有资源，推动社区教育服务社区精神文明建设，在社区内营造良好的全民阅读氛围，2020年，学校成立"红枫驿站"朗读基地，将社区内的诵读爱好者凝聚起来，通过创新学习形式，为社区居民送上"精神食粮"，带来"听觉盛宴"。

"红枫驿站"朗读项目是新桥镇社区学校打造的以"弘扬诵读艺术　推进全民阅读"为宗旨，以"用诵读传递正能量、带动社区文化学习、服务市民文明修身"为目标，以"有声阅读"为主要抓手推出的朗读类社区教育特色学习项目。

活动目标

以习近平新时代中国特色社会主义思想为指导，以满足人民群众精神文化生活新期待为出发点和落脚点，以诵读为抓手，将思想教育引领和志愿服务精神融入建设过程，利用诵读优势与团队力量充分发挥社区教育的育人服务功能，引导市民树立终身学习理念，提升市民文化素养，积极推进学习型社区建设，营造浓厚的读书氛围。

活动内容

一、组建队伍

选拔、聘请一批热爱诵读、热心公益的诵读学习骨干,以及专业、优秀且乐于奉献的指导教师,形成包括"导师、主播、制作"在内的志愿者队伍30余人。由中华诵读联合会会员、中国杰出诵读艺术家、上海市百姓学习之星黄尽能担任导师,优秀诵读爱好者、骨干学员担任诵读者(主播),学校教师负责保障推进(制作),发挥诵读爱好者的力量,引领社区精神文化生活。

二、打通渠道

(一)搭建线上学习平台

邀请朗读基地的诵读爱好者录制文学、诗歌作品,以学校微信公众号为主阵地,线上推送有声阅读作品,供市民、居民收听学习,充分发挥数字平台优势,用"云诵读"带动社区文化学习,服务市民文明修身。

(二)建设线下学习基地

依托学校"悦"读新桥智慧朗读亭建设项目,进一步完善"红枫驿站"硬件设施,发挥主播的示范引领作用,吸引更多市民、学员加入朗读学习中。

三、定期推送

以习近平新时代中国特色社会主义思想为指导,围绕红色教育、经典诗文推出专题诵读活动;同时,结合不同的时间节点,推出应时应景的诵读内容,引导朗读者在诵读中学习经典、传递力量、感悟精神。

设计意图

一、搭建"空中"平台,服务市民终身学习

以微信公众号为主阵地定期发布诵读爱好者的有声阅读作品,用"云诵读"

助力市民碎片化学习。紧扣时代脉搏，推出常态化学习栏目和诵读专刊，引导朗读者在诵读中学习历史、传递力量、传承文化，让听众在聆听中铭记历史，感悟精神，增强民族自豪感和文化自信心。

二、打造"社区"舞台，助力市民文明修身

在导师的带领下，诵读爱好者们通过情景朗诵的形式创新演绎各类作品，将朗诵带上舞台，带进社区，在社区内打造诵读服务市民文明修身的"文化舞台"，不断丰富社区居民的精神文化生活，提升艺术文化修养，增进社区居民之间的交流和互动，营造和谐融洽的社区氛围。

三、播种"文化"种子，推动社区文明建设

聚是一团火，散作满天星。每一个诵读爱好者都是社区文明建设过程中的一颗种子。在基地，他们是红枫驿站的成员、主播，跟随学校的步伐齐头并进；在社区，他们更是居民身边的诵读领头人，用不同的方式继续发光发热，为社区文明建设发挥着自己的力量。通过这些骨干人员的影响和带动，越来越多的社区居民走近并了解了诵读艺术，通过学习与活动接受精神文化的熏陶，形成崇尚学习、尊重文化、注重修养的良好风尚。

松江区新桥镇社区学校　沈佳丽

图书在版编目（CIP）数据

社区教育课程思政教学指南 / 陆逸主编. — 上海：上海教育出版社，2024.11. — ISBN 978-7-5720-3168-7

Ⅰ.D64

中国国家版本馆CIP数据核字第2024WC9040号

责任编辑　张璟雯
封面设计　蒋　妤

社区教育课程思政教学指南
陆　逸　主编

出版发行	上海教育出版社有限公司
官　　网	www.seph.com.cn
地　　址	上海市闵行区号景路159弄C座
邮　　编	201101
印　　刷	启东市人民印刷有限公司
开　　本	700×1000　1/16　印张 14.5
字　　数	222 千字
版　　次	2024年11月第1版
印　　次	2024年11月第1次印刷
书　　号	ISBN 978-7-5720-3168-7/G·2802
定　　价	68.00 元

如发现质量问题，读者可向本社调换　电话：021-64373213